# 日本人の原風景

## 風土と信心とたつきの道

神崎宣武



講談社学術文庫

# 目次

# 日本人の原風景

## 風土と信心とたつきの道

# 第一章　山に富む列島の恵み——森が海を育てる

## (一) 森とくらし

### 森林列島日本

日本は、木材消費の多い国である。いわゆる「木の文化」を育んできた。木材の消費でもっとも多いのが、建築材であることは、いうをまたない。木造建築が減少するのは、経済の高度成長期からのことで、つまりは半世紀ほどの間の変化である。

もっとも、木造部分を残した民家建築は現在にも伝わる。以前は、民家建築は、まぎれもない木造建築であった。柱も床も天井も、引き戸も欄間もほとんどすべてが木造。私ども中高年齢層には、記憶に新しいことである。

公的な統計にあたるまでもなく、日本の木材消費は、年間「一億立方メートル」といわれていた。これは、世界の全消費量の三パーセント強にあたる、という(只木良也『森と人間の文化史』)。

ただ、建築材以外にも木材の用途は多様にある。たとえば、家具にも看板にも和紙にも、木材は使われている。相対的にみると、この消費量は大幅には減っていない、ともいう。しかし、建築材にかぎってみれば、家数が増えたとはいえ、木材の使用率は低下、しかも輸入材におされて国産材の使用は三分の一にまで減少している。間伐材は、多くが薪《まき》に利用されていたが、ガスの普及とともにその需要もすっかり後退した。

そのところでの、日本の森林の利用には大きな変化が生じた、といえるのである。

「木の文化」を可能にしたのは、日本が森林列島だったからである。国土の六十数パーセントが山地で、そこを森林が覆っている。この数値に匹敵するのは、北欧のフィンランド・スウェーデン、南米のブラジル、東南アジアのマレーシア・インドネシアぐらいにすぎない。とくに、日本の森林はよく育つ。それは、降水量が多いからである。しかも、暑い夏場に降水量が多い。平均して年間一七〇〇ミリほどの降水量、その大半が夏場の降水量なのである。この条件は、熱帯雨林にも等しい。放置しておいても、その植生を問わねば樹木が茂る。まぎれもなく「温帯雨林」をなすのだ。とくに、夏場を中心とした高温多湿が、森林列島をなしているのである。

その森林は、おおむね山地である。山が樹木で覆われているのだ。その環境になじんでいる私たちは、山を描けといわれたら、それを緑で塗りつぶすことになる。世界の民族の多くが、そんなことはしない。世界では岩山が圧倒的に多く、そこでの樹木は、岩肌にまだらに植わっているか、山麓も平地際に森をなしているかである。

私たち日本人にとっては、山は身近なところにあり、樹木に不足することはない。平地部や離島の一部をのぞくと、そうである。一般に、日本を島国といってきたが、その自然環境の実態からいうと「山島」とか「森林列島」というのがふさわしい。

そうした環境のなかで、古来、日本人は樹木を多様に利用してきたのである。

ただ、日本は、国土が狭いので、森林率が高い割には森林面積がさほどに多くはない。森林の循環を上手にはかり、そこで得る木材を上手に使ってきたのである。

「山を育てながら使う」、あるいは「山を鎮めて木を伐る」。そうした諺があるように、森林の利用には乱伐を未然に防ぐ知恵を共有してきたのである。

## 伐採と植林の循環

森林の循環とは、伐採と植林の関係をいう。それで、山はいつも緑たおやかに保たれていたのである。

もっとも、時代をさかのぼってみれば、ほとんどのところで、伐採したままで森林の自然蘇生をまっていた。植林が本格的にはじまるのは、江戸後期のことである。

寛永一九（一六四二）年、幕府が「造林令」を出す。造林奉行から各所の代官所を通じての植林が奨励されることになった。以来、諸藩も林産資源の確保のために造林に取り組むことになったのである。

　近世以降の植林では、スギが多かった。秋田杉も吉野杉も植林によって造林された。スギに次いでヒノキが多かった。銘木といわれる木曾檜の完成も厳重な管理のもとで造林された結果である。

　森林の循環は、植林以前からはかられていた。自然蘇生をはかりながら、乱伐を避け、親子何代かにわたっての一定の消費量を確保してきたのである。それは、かつては山村に生きる知恵であった。

　たとえば、家を建てるにも相応の期間を要した。山林を所有する者であれば、どの山の何年木を伐り出すかを十分にはかり、伐り出した後は整材して何年間は寝かしたものである。そうすることで、建築材として均一の品質を保つのである。植林を前提にすれば、ある面積をすべて伐採するのも可能である。が、自然蘇生にたよるなら、伐り出す一本一本の環境を細かくはからなくてはならないのである。

　それは、山地主の責任でもあったが、多くは杣《そま》といわれた伐採職人の眼力にたよるところが大きかった。昭和三〇年代ごろまでは、つまり経済の高度成長期以前までは、各地に杣が存在した。

「杣は、一〇〇年後の山をみて一人前」、といわれた。森林の循環をはかって伐採するのが名人であったのだ。

無計画な伐り出しで一部の森林の荒廃を招いたのは、第二次大戦中のことであった。軍需として、木材の供出が求められた。たとえば、造船用の木材、燃料用の木材。航空燃料用に松根油（赤松の根から採る）までが搾《しぼ》られたのである。とくに、戦争末期には、学童まで動員してマツの根の掘り出しが行なわれた。

その結果、伐り荒らされたままのはげ山が各地でみられるようになった。植林がなされるのは、戦後も昭和二五（一九五〇）年のことだった。その年、第一回全国植樹行事並びに国土緑化大会が開かれ、以来、全国的に植栽が成った。そのところでの林野行政の取り組みは適切であった。が、これも降水量が多く高温多湿な時期が長い日本の風土があってこその成功、といわなくてはならないのである。

戦後、全国的に植林が進められたのは、建築材の需要が急増したからである。とくに、空襲で焦土と化した都市では、木材なくしては復興がはかられなかった。

一方で天然林の無差別な伐採と、もう一方で生長の早いスギの植林が行なわれたのである。

スギは、陰地《おんじ》に適した樹木である。保水力のある北斜面に多く植えられてきた。が、このときは、適地を選ぶ余裕もなく、植林が推し進められた。二〇～三〇年のうちに伐採、供出するもくろみだったからである。

それが、もくろみどおりにはいかなかった。スギの生長をまつ間はなかった。昭和三九

（一九六四）年の木材輸入自由化からは、アメリカ・ソ連・東南アジアから俗にいうところの洋材が大量に入ってきだしたのである。

そこで、国内のスギの人工林の多くが放置されることになった。それが、森林の荒廃（過密化）、土壌の破壊（スポンジ化）を招くことにもなった。現在《いま》では、荒廃人工林の追跡さえむつかしい。皮肉な結果を生んだのである。

## 枝木と落葉の利用

森林の利用は、木材にかぎったことではない。

枝木や落葉の利用も、また盛んであった。いずれも、燃料として重用されてきたのである。

そういえば、夕暮れどきに民家の煙突から紫煙がたなびく風景を目にしなくなって久しい。かつては、竈《かまど》を焚くにも風呂を焚くにも薪《まき》や枝木、落葉が用いられていたのだ。風呂焚きは、子どもの役目とされてもいた。

余談になるが、竈をなくしてから炊飯法に誤解が生じている。

かつては、誰もがその諺を知っていた。現在《いま》でも、知っている、という人が多かろう。しかし、大事な一行を欠落して伝えているのだ。

はじめチョロチョロ
なかパッパ
ジュージューふいたら火を引いて
赤子が泣いても蓋とるな

この三行目が欠落したままなのである。民俗学や食文化の分野でもそうであるし、ネット上でもそうである。

それでは、飯は炊けない。強火のままでは、焦げてしまうではないか。

そして、その引いた薪の燃えかすは、火消壺に入れた。そうして消し炭をつくったのである。

たかだか半世紀ほどのこと。由々しきこと、といってもせんないことだが、これを見過ごすわけにもゆかないのではあるまいか。

さて、そこでの薪割りや落葉掻きは、農山村における初冬の仕事であった。正月を迎えるまでに、雪が積もるまでに、老若男女がほぼ総出でそれぞれにあった作業に励んでいたものだ。

薪は、間伐材を一尺二寸（一尺は約三〇・三センチ）から一尺五寸ぐらいに切って割る。民家の脇の軒下には、一年分の薪が積まれていたものである。あるいは、薪を積み上げて町場に運ぶ荷車やトラックが、土埃《つちぼこり》をあげながら往き来していたものである。

　枝木は、伐採した木のそれを束ねる。あるいは、枯れ木の枝を束ねる。竈を焚くには小割りした薪が便利であったので、枝木は、もっぱら風呂焚きに使われた。

　落葉は、焚きつけとして使った。あらためていうまでもないことだが、事細かにいわないとわからない人が多くなった。竈や風呂を焚くどころか、野外での焚き火の経験もない人が多くなった。ごみ収集の制度が全国的に徹底したせいでもあるが、煙にまかれない方法とか火の類焼を防ぐ方法までがかえりみられなくなったのは、どうしたことだろうか。

　落葉は、堆肥《たいひ》としても必要であった。囲った落葉の上に糞尿を撒き、これを何層かにして自然発酵を促す。とくに、苗床《なえどこ》には不可欠な肥料であった。

　薪も、枝木や落葉も、堆肥も、昨今はほとんど見かけなくなった。猟師、杣《そま》師や木地《きじ》師（椀類の木地を作る職人）など、山を巡る人たちの姿もほとんど見かけなくなった。今は昔のはなし、となっている。

　しかし、そうして周期的に人びとが山に入ることで森林の手入れがなされたのだ。それも、循環であった。そうすることで、山は、森林は、美しく保たれていたのである。

「自然は、手を加えてこそ美しくもある」

　私が師事した宮本常一（民俗学者）がよくつかっていた言葉である。もって銘とすべきであるが、現状は、山は荒れ放題。植林の後始末ができないところに、西日本では孟宗《もうそう》竹が森林をのっとるかたちで繁殖もしている。茸《きのこ》や山菜を採りに山に入った地元の人がしばしば遭難するのも、山の植生やけもの道のありようが変わっているからでもあろう。クマやサルやイノシシなどの繁殖も、しばしば人里に被害を及ぼすようにもなった。

大雨のたびに、山崩れや土砂災害も多くなっている。これも、山が荒れすぎたことと関係があるのかもしれない。

「白砂青松」も「深山幽谷」も、遠い昔のことになりつつある。これをどうみるか、宮本常一が見たら何というだろうか、と時々思ったりするのである。

### 家の造りは夏をもって旨とする

建築に木材を使用するのは、世界に共通する。建具や家具も同様である。が、日本ではその使用量が多い。世界各国、同じぐらいの規模の民家を比較してみるがよい。

まず、日本の家屋では柱数が多いことがわかるだろう。

それは、ひとつには開口部が多いからである。塗りこんだ壁面はあっても、その面積は少ない。それは、気密性よりも通気性を重んじたからで、床下や屋根裏が広く空いているのも同様の理由による。そのところでは、日本の家屋は、熱帯雨林のそれに近い。降雨量が多く、雨が樹林を育むところに通気性の高い木造家屋が発達しているのだ。当然といえば当然のことであるが、それゆえに見過ごされがちでもある。

しかし、熱帯雨林地帯と比べると、日本は冬が寒い。開けっ放し、というわけにはゆかない。古くは、障子戸が多用されていた。その外に、板製の雨戸も併用されていた。障子戸の桟《さん》は、指物《さしもの》細工で、これも木製である。世界でみると、木と紙の家。それでも、冬はなお寒い。わずかな暖房と重ね着で耐えるしかない。と、いうことは、日本の家屋は、湿気対応をもっての、夏仕様なのである。

いみじくも、兼好法師が『徒然草』でいっている。「家の造りやうは、夏を旨とすべし。冬は如何なるところにも住まる。あつき頃、わろき住居はたへがたき事なり」と。木にあわせて障子戸や襖《ふすま》戸の発達をみたのも、開閉の利便性とともに、紙による湿気調整の機能性もあってのことだった。その紙も、総じて和紙というは、コウゾやミツマタなどの樹皮を原料としたものであるからだった。

それでも、夏は湿気がこもる。そこで、竈《かまど》や囲炉裏《いろり》の煙を役立たせることになる。とくに民家の屋根は、多くが茅《かや》や麦藁《むぎわら》で葺かれていたので、湿ると虫がわきやすい。それを煙で燻《いぶ》す意味が大きかった。とくに、梅雨時には、囲炉裏の火（煙）が必要であった。もちろん、囲炉裏の設置は、第一には暖房のためであった。しかし、本州ほどに防寒を必要としない伊豆諸島や南九州の民家にも小規模ながら囲炉裏が設置されていた。夏にこそ薪を焚いて燻す。湿気対応とみるべきなのである。

そのところで、燃料の薪にも不足しなかった。流木を拾い集めて、燃料にするところもあったが、日本中のほとんどのところで、山から薪を得ることができた。秋の収穫を終えた農山村では、正月までのあいだ薪作りにかかる。薪だけではない。焚きつけ用の落葉掻きも行なった。松山が多いところでは、松葉掻き。松葉は、いちばん有効な焚きつけとなっていた。

囲炉裏は、薪や枝木が十分にあるからこそ、その機能を果たすことができる。また、木や茅・藁を多用した家屋は、囲炉裏があるからこそ乾燥を保って維持ができたのである。

**漆器をもってジャパンと呼んだ**

日本では木工品も多様な発達をみている。

桶は、その用途によって水桶、味噌桶、醬油桶などがあり、肥桶《こえたご》も必要であった。運搬用には、上蓋《うわぶた》をはめこんだ樽が使われた。

東日本でとくに桶が発達したのは、ひとつには大型の焼きもの（陶磁器）が十分に流通をみなかったからである。それは、粘土の質量とも関係するが、冬の積雪時には窯が使えないので通年的に焼成できない。その非効率のせいでもある。また、冬期は、水を貯めたところで、それが凍って甕が割れることにもなるからである。

そのところで、西日本各地では、桶よりも水甕や味噌甕、肥甕などの流通と分布をみたのである。あるいは、酒壺や醬油壺などの発達をみたのである。

もちろん、東日本でも甕類は相応に実用された。西日本でも桶類が相応に実用された。ただ、大ざっぱには、「東の木器、西の陶器」といえるのである。

食器においても、東日本で木器が、西日本で陶磁器がより発達をみる傾向にあった。

しかし、漆器に限ってみると、日本全国にその流通をみる。とくに、近世以降は、会席用の膳椀が全国的に分布をみた。銘々の家では上等の漆器を揃える余裕がないところでも、集落ごとに膳椀講を組んで共同購入をして会席のつど持ちまわることで重用したのである。川連《かわつら》（秋田県）、会津（福島県）、輪島・山中（石川県）など、漆器の産地も近世以降、各地に発達をみた。

江戸時代には、とくに京都で加飾された漆器がオランダ商館（長崎出島）を通じてヨーロッパにも輸出されている。ヨーロッパの貴族社会で生じたシノアズリー（東洋趣味）の流行にのったもので、東インド会社を通じて運ばれたものである。

一般には、各宮殿における磁器の収集が知られている。

一七世紀にはヨーロッパでは磁器が焼かれておらず、おもに明（中国）の染付けや色絵の磁器がもてはやされたのだ。その明が滅亡、清が成立（一六三六年）。その中国の動乱期に、日本の有田（佐賀県）で焼かれだした色絵磁器が輸出されるようになった。なかでも柿右衛門手は、高く評価された。まもなくドイツやフランス各地に生まれた磁器窯で模造されたことも、知る人ぞ識る史実である。しかし、有田焼の磁器は、しょせんは中国磁器の輸出が回復するまでの代替品であった。一八世紀になると、有田の窯は食器生産に転じ、国内流通をはかることになるのである。

当時のヨーロッパにおいては、磁器を指してチャイナといった。対して、漆器を指してジャパンといった。宮殿における磁器の間《ま》（大小の磁器で飾りたてた部屋）ほどに知られてはいないが、各所に漆器の間も確認できる。とくに、壁面に漆板絵を用いた。ただ、漆器は乾燥をきらうので、そこでは長期の保存がむつかしく、やがてフランス北部で模造された漆器がジャパンに代って用いられるようになったのである。

日本における漆器の発達も、トチやクヌギなどの木地《きじ》材が豊富であったことにある。一方で、漆の定着と漆面の保持ということでは湿度の安定が必要で、そのところでも日本は、漆器製造の適地だったのである。

しかし、それでもなお漆器の保存には手間がかかる。使った後は、ぬるま湯で洗い布巾《ふきん》で拭く。そして、和紙で包み、木の箱に納める。扱いが粗末だと、漆面がひび割れになるのだ。やがて日本でも、安価で扱いもたやすい磁器や合成漆器にその地位がとって代わられるのである。

## （二）森の恵み

### 山のカミと山の幸

俗に、「山の幸」という。

古く、それは、山のカミが恵みたまう幸とした。

もちろん、一方に「海の幸」もある。『古事記』にも、山幸彦と海幸彦の物語が載る。が、ここでは、それはさておく。

「山の幸」を人々が得るのは、おもに山腹でであった。木の実・茸《たけ》類、そして獣肉など。とくに、食料の採集や捕獲の場が山腹であった。

一般的に、山を山頂・山腹・山麓と分ける。それにしたがうと、山頂部はカミの領分であり、山麓部は人々の生活域である。いいかえれば、浄界と俗界。そして、その中間が山腹部であり、そこで人々は折々に山の幸を得てきたのである。

ところによって違う。山によっても違う。それを承知であえていうと、所有権によってもほぼ三区分できる。山頂部は、公有地であることが多い。地番がなく、所有権が確立されていないところもある。山麓部は、宅地も耕地も山林も多くが個人の所有に分割されている。

全体的に、個人所有地の面積が大きい。そして、山腹部は、入会林《いりあいりん》であったり共有林であったりする。あるいは、宮山であったり寺山であったりする。個人所有の山林もある。カミと人々が共有する領域といえばよいだろうか。さかのぼってみると、山頂・山腹・山麓は、とくにその利用途において性格を異にするのだ。

日本では、いたるところに霊山・霊峰がある。御山《おやま》・弥山《みせん》・弥《み》（御）岳《たけ》（嶽）・神路山など、山頂部にカミが棲むとする山が無数にあるのだ。これも世界では類をみないことであろう。そこに、カミだけでなく死霊やその他の精霊も混然と同棲するのが日本における原初的な信仰観である、としてよろしかろう。

かつて、人々は、カミまつりやカミむかえなどの行事日には山頂部に登拝した。ところによっては、死霊を送るときにも山頂部に登拝した。しかし、日常は、そこに足を踏み入れることはなかった。他所《よそ》に通じる峠道は、山腹部に通じている。峠には峠のカミが祀られており、往きかう旅人は、峠のカミを拝することで山のカミにも敬意を表する、とした。

たとえば、正月には家々に歳神《としがみ》を迎えるが、その霊魂は山から降臨する、とするところが多い。山のカミが、歳神となって里へ降る、とみてよい。一般には、その歳神の依代《よりしろ》をマツとする。これを「松降ろし」といい、古くは戸主が行っていた。そのマツが、歳神を神床に迎えたあとは門松と相なるのである。

田のカミや水のカミも山のカミの転身とするところが多い。山のカミこそが、原始万能神だったのである。

自然との共生とは、つまりは山のカミに敬意を表することだったのである。山の幸も、山のカミに敬意を表していただく、としたのである。

山の幸の一方には、木材・枝木・木の葉・木炭などがある。経済が高度成長する以前は、つまり戦後しばらくまでは、木材は建築材としても橋梁材や枕木材としても必要であり、大量に消費をしていた。また、枝木・木の葉・木炭なども燃料として不可欠であった。

それは、この「山島列島」に人々が住みだして以来、営々と続いた営みであった。石油の輸入量が増えて外材の輸入がはじまって、山から伐り出す建築材料の需要が激減。から、山から得る燃料が不要となった。その結果、日本の山は荒れ放題となっている。手入れを怠った杉の人工林が土壌破壊をおこし、孟宗竹はとどまることなく山頂近くまで藪《やぶ》を拡大している。前述もしているので、むなしくもなるが、私どもの山に対するまなざしがしだいに冷淡になっている。山のカミへの感謝も忘れてしまったこのごろである。

## ウサギ追いしかの山

食料の確保に山が大事であった。森林が大事であった。

そのひとつは、狩猟による鳥獣類の肉である。クマ・シカ・イノシシ・ウサギなどの獣類。キジ・ハト・ツグミなどの鳥類。それら鳥獣類の肉は、かつては重要な蛋白源であった。

「ウサギ追いしかの山」、と唱歌にうたう。のどかな遊びのようにも思えるが、野ウサギの捕獲は、すなわち食料の捕獲であったのだ。さらに、その毛皮も防寒衣の材料として価値があった。

巷間、日本では、仏教思想の影響もあって、近世までは肉食を禁じてきた、とされる。たしかに、肉食の割合は大きくはなかった。日常的でもなかった。が、日本の食文化のなかには肉食も潜在していたのである。

そのことは、たとえば、江戸も府内（朱引きの内）でこそ禁忌が守られたが、朱引き外にはももんじ屋（獣肉料理屋）が軒を並べていた事実からも明らかだ。そのももんじではイノシシがもっとも好まれており、それを山くじらとかぼたんとかいった。そういう隠語をもって、タテマエの禁忌をかわしてきたのである。

秋田のマタギに代表される狩人たちは、山のカミの祀り方や山入りの作法に厳しかった。たとえば、その年の初猟や山入りのときには必ず潔斎をした。ふつう里では水垢離《みずごり》をとるが、山にあっては必ずしも水があるとはかぎらない。そこで、「笹祓い」という独特の潔斎法があみだされた。さらに、朝早く出猟するときの儀式、夜道を行くときの呪文、クマと格闘したときの血止めのまじないなど、じつに細々としたしきたりに従っていたのである。

もちろん、獲物はすべて山のカミからの恵み、とする。その謙虚さを共有することで、仏教で戒めるところの殺生戒の徒と区別をしていたとみることができる。そして、一定量の捕獲があればよし、として乱獲を戒めた。あくまでも自然と共存して、山のカミの怒りをかわない程度の猟にとどめてきたのである。

獣肉を供えるまつりの事例は、いまもわずかながらみられる。たとえば、米良山地（宮崎県）の霜月まつりでの獣肉。シシトギリというその神事の呼称がしめすように、山のカミにイノシシの豊猟を謝し、イノシシの霊を慰めるのだ。しかし、全国的にみると、稀少例となっている。それには、仏教における殺生戒の影響もあった。それよりも、明治初年における神社神道の祭式統一の影響が大きかった。山の恵みの一項が過去に追いやられて久しいのである。

近年、過疎化が進んだ農村が獣害で悩まされている。人間と山の獣との共生関係がおびやかされている。さて、山のカミは、いかにお裁きになるだろうか。

### クリの実煮てます囲炉裏ばた

狩猟よりも食生活にさらに重要だったのが、植物の採集である。

四季折々の山菜類、茸類など。山のカミへの意識は狩猟におけるそれほどに強くはなかったが、これも山のカミの恵みであった。

なかでも、もっとも広く重用されたのがクリである。秋まつりの神前に供えられる「山の幸」の代表も、クリである。

現在、私たちが一般にクリというのは、多くが丹波栗に代表されるシバグリを原生種とした栽培種である。シバグリは、日本が原産と特定することはできないが、日本列島のほぼ全域に自生もしていた。

その歴史も古く、もっとも古くさかのぼれば、持統天皇の世にクリとナシの栽培が奨励された、という記事が『日本書紀』（養老四〈七二〇〉年）にある。また、『延喜式』（平安時代中期）には、丹波・但馬・播磨・美作・備前などから貢納物として朝廷に運ばれたことが記されている。が、全国的に栗栽培が広まるのは、江戸時代のことである。そこで、産地を冠した改良種が出てくるのである。

古く、クリといえば、木の実の総称でもあった。シバグリの他にも、カシ・シイ・カヤ・トチ・クルミなど。それらを、ドングリとも俗称した。

かつて、ドングリ類も、ほとんどが食料であった。日常食ではなかったが、非常時には主食を補う澱粉食材となった。したがって、家まわりに移植したのも道理である。

ここでも諺をだしておこう。これも、行が忘れられたまま伝えられているはずなのである。

モモ　クリ三年

カキ八年

嫁《おんな》は九年でトウがたち
ユズの大ばか　一八年

いずれも、家に根付くことが求められるのだ。ここでのモモは、スモモだろうが、ウメとすればわかりやすい。それを塩に漬け、干すことで塩の結晶を得る。その塩梅を料理に用いる。「塩梅《あんばい》よろし」とは、そこから料理の味付けをほめることにつかわれたのだ。

クリは、野生のドングリ類。これもアク抜きをすることで食用となった。

カキは、渋柿。これを干し柿にすることで、甘味とした。砂糖が入ってこない時代には、貴重な菓子であり甘味食材であった。

ユズは、その酢をもってスシをつくる。魚も生に近い状態で食べることを可能にするのである。

いずれも、日本が原産とまではいえないが、古くから山に自生していたものである。それを、家まわりに移植することで、その土地での家の永続を求めたのである。

ならば、嫁も、トウがたつほどに家風になじませることで、その家の永続をはかるべし、としたのだ。けっして、女性を侮蔑したのではなく、その重要性を説いているのだ。

そして、ここでも、この三行目が伝承から欠落しているのだ。三行目というのは、他の行よりも忘れられがちなのであろうか。

さて、ここでの主題は、ドングリである。

唱歌「里の秋」で、「お背戸に木の実の落ちる夜」と歌うのも、家の背戸（後ろ）にドングリの樹林が繁っている風景を描いているのだ。それを、母さんが煮てアクを抜いている風景を描いているのである。

総じて、ドングリ類は、アクが強いのでアク抜きをしなくては食べられない。

たとえば、カシは、九州山地で、戦後しばらくまでは時どきに食されていた。唐臼《からうす》でカシの実を殻ごと搗きつぶし、それを桶に入れ水を加えて攪拌する。そのあと、沈殿を待って、何度か上水をとりかえる。殻が底に、粗粉が上層に。粗粉を取り出して天日で乾燥させると、アク抜きができるのだ。そして、その粗粉澱粉を飯に炊きこんだり団子にしたりして食べた。非常食というよりも、その時期の主食に準ずる常食であった。

一方、カヤの実は、さほどにアク抜きに手をかけなくてよい。焼くか煎るかして殻を外せば中の核が食べられるのだ。アク抜きに手がかからないからだろうか、カヤはドングリ類のなかでは神饌《しんせん》にも用いられてきた。

たとえば、春日大社（奈良県）の若宮おん祭《まつり》（毎年一二月一五日から四日間催行）での神饌。それは、御染御供と呼ばれ、すべて精進物で構成される。それを折敷《おしき》や高坏《たかつき》の上に高盛りするのが特徴である。全部で一〇台。カヤの実は、小豆・黒豆・大豆とともに、それぞれ高坏の上に柱状に盛られ、一台の折敷に載る。カヤの実の存在は一般には薄らいだが、まだ特殊神饌のなかでは希少ながらこうした事例が確かめられるのである。

## 今は遠いマツタケの香り

茸類も秋の「山の幸」。その代表がシイタケとマツタケである。

シイタケは、シイ・ナラ・クヌギ・クリ・カシなどの幹に自然発生するもので、古くから食されていた形跡がある。たとえば、仏寺の精進料理にはシイタケが欠かせなかった。それが栽培されるようになったのは、寛永年間（一六二四〜四四年）、と伝わる。明治以降は、さらに研究がつまれ、昭和一〇（一九三五）年についにシイタケ菌の純粋培養に成功。その後、種駒（長さ二センチあまりの小さな木片に菌を培養したもの）を原木に植菌する方法が考案された。そうした人工栽培の発達によって、ようやくシイタケの全国的に安定した供給がなされるようになったのである。

「香りマツタケ、味シメジ」という。こうしたとき、香りを評価するのは、日本人ならではのことかもしれない。

そのマツタケを筆頭に、日本の山林には茸類の種類が数多い。日本以上に茸類の自然繁殖をみるのは、中国の雲南省ぐらいだろう。日本と雲南の自然と植生は、きわめて類似性が高いところで、多種類の茸類の繁殖をみているのだ。雲南省の昆明《クンミン》で、マツタケを食べさせるという料理店に行ったことがある。その店で扱う茸類が二三種、壁に一覧表が貼ってあった。マツタケの人気は低く、一六番目であった。やはり、マツタケ信仰ともいえる嗜好は、日本ならではのこと、としなくてはならないのである。

しかし、神饌として供えられる茸類となると、かぎられてくる。ここでも、マツタケが第一級の神饌であった。ことに赤松林を有する西日本の農村では、秋まつりにはマツタケが供えられたものである。だが、現在では出荷量も減り、地元価格でもキロ数万円もする稀少品となってしまった。松喰い虫とか煤煙のせいだというが、山林の手入れを怠ったせいでもあろう。

私の郷里（岡山県美星町、二〇〇五年井原市へ編入）でも、マツタケが神饌にあがらなくなって久しい。マツタケに代わって、シイタケが供えられるようになった。時代の流れといえばそれまでだが、秋まつりの幣殿や拝殿にマツタケの香りが漂っていた、その情景がなつかしい。

「山に向かっては山を食い、海に向かっては海を食う」、といった。日本の食文化の原点はそこにあるのだ。そして、信仰の原点もそこにある、といえるのである。

**水資源に恵まれた山島**

「日本人は、安全と水は無料で手に入ると思いこんでいる」

と指摘したのは、イザヤ・ベンダサンである（『日本人とユダヤ人』）。

ベンダサンは、イスラエル人とされていたが、のちに評論家の山本七平氏（一九二一〜九一年）がそう名のったことがほぼ明らかになった。それはともかくとして、その指摘はまことに的確なものであった。

日本列島は、世界のなかでももっとも水資源に恵まれているのである。ゆえに、私たち日本人は、水は身辺卑近なところでいつでも入手できる、として無関心でもあるのだ。

その無関心さは、ある種「文化」というものであろう。たとえば、近年、北海道の森林が某国の資本で買い占められている、という。それは水の涵養林としての価値が高いから、とされているにもかかわらず、多くの日本人が危機感を顕わにしないではないか。国際社会では、水は天下のまわりもの、ではないのである。

日本が、一部の地方をのぞくと水資源に恵まれているのは、ひとつには雨量が多いからである。年次別の降水量をだすまでもなく、同緯度圏においては圧倒的な雨量なのだ。たとえば、東京では年間一五〇〇ミリもの降雨量であるが、ローマやロンドンは七五〇ミリ前後、パリは約六〇〇ミリ、サンフランシスコでは五〇〇ミリ少々なのである。

降雨量の多さは、それが一時期に集中すると、ときに洪水や土砂災害をも引きおこす。もっとも、近年は海水温上昇とかで、集中豪雨が多発しだした。が、歴史を均しての日本では、おしなべて年間を通して一定量の雨が降る。そして、その雨水を森林が吸収して涵養するのである。

日本の山地は森林に覆われている。森林面積は、日本の国土の六十数パーセントを占める。そのことも世界では特異なこと、といわなくてはならないのだ。ちなみに、これに匹敵する森林率を保持している国は、世界では熱帯雨林と北欧の五ヵ国だけ。同緯度圏では、日本だけが突出しているのである。

従来、日本は島国、と呼ばれてきた。しかし、その自然環境をさらに的確にいい表そうとすれば、森林列島であり「山島」と呼ぶのがふさわしい、とは先述もした。その山島は、いたるところに清水を生んでいるのだ。山頂部を水源として、急流な川となる。けっして大河にはならないが、河川の多いことも日本の地形がなす特色である。

河川だけではない。それ以上に地下水脈が生じている。伏流水については、まだ専門的な調査は進んでいないようだが、山島には、無数の地下水脈がある。つまり、伏流水にも恵まれている。それは、各地に湧水が無数にあり、各自で井戸を有してきたという事実が如実に物語っているのである。

地上を流れる水、あるいは地上に溜まる水は、まず農業の発達に不可欠であった。

とくに、水田耕作にはそれが必要であった。もちろん、天水にたよらざるをえないところも少なくなかった。が、平地では堰《せき》をつくって河川から引水をはかり、山地では池を築いて棚田に水を落とすことで稲作の発達をみたのである。

熱帯、あるいは亜熱帯を原産とするイネが、さまざまな経路をたどって日本列島にもたらされた。日本は、稲作の北限地に相違ない。歴史を通して、旱魃《かんばつ》や冷害を克服して稲作をここまで定着させた。その労苦は、ここではさておく。そして、農業における水利用についても、ここではさておく。

地下水については、井戸水をとりあげたい。

これも地方によっての違いがあるが、私たち日本人は、井戸水を大事としてきた。とくに、日常の調理に大事な水であった。そして、それを神聖な水ともしてきた。

たとえば、若水汲みがある。若水汲みは、古来、初春の行事として定着していた。元日の暁どき、井戸や泉から福茶と雑煮に使う清浄な水を汲んでくる行事である。

水道水の普及とともに、若水汲みの習慣が後退、現在《いま》ではほとんどみられなくなったが、日本人と水の関係を語るとき、忘れることのできない事例である。

井戸水は、当然ながら、料理にも影響を及ぼしている。日本料理の代表的なものとして刺身や鮨があげられるが、これも上質の井戸水があればこそのことだ。

京都で名うての親方といわれた料理人に聞いたところ、包丁さばきよりも材料であり水なのだ、という。魚を洗う水が良いか悪いかで刺身の味が違ってくる。だから「洗い」というのだそうだ。洗いの水が悪いと台なしになる。だから、いまでも京都の一流の料理屋は、古くからの井戸水を使っている、というのである。

もっとも、刺身の歴史は、けっして古いものではない。一般には、氷詰めの運送が発達してからのこと。さらにいえば、冷蔵庫や冷凍庫が発達してからのことである。しかし、料理の素材の鮮度の確保は、まずは水洗いにあることからすれば、あるいは煮だしの良しあしも水質に関係があることからすれば、井戸水は、もとより日本料理の発達と不可分な関係があったのである。

日本酒もまた、上質の水を必要とした。名酒はよい水から生まれる、といわれるように、古来、上質の水を確保することが、酒造りの必須条件であった。

たとえば、清酒最大の産地である灘（兵庫県）の醸造用水は、宮水《みやみず》と呼ばれ、名水の誉れ高く、近年ミネラルウォーターの代名詞ともなった六甲山系の弱硬水である。ただ、山陽新幹線や山陽自動車道のトンネル工事が影響して水脈が分断され、近年は元のようには入手しにくくなっている、という。

かつては、良水に恵まれないところでは、わざわざ宮水を運んでいた例も多い。遠くは長崎県や福島県まで運ばれていた、という。しかし、それは例外というべきで、醸造に必要な全水量を運んだわけではない。宮水信仰といってもよいだろう。

それほどに水質を問うのだ。各酒造所では、それぞれ専用の井戸を所有しており、そこで汲み上げた地下水を使っている。余談ながら、その水で茶をたてると、ことのほか美味である、ともいう。

ちなみに、旧来の酒造りは、「寒造り」であった。そこに、農閑期に入った農村部から杜《とう》氏《じ》一党が酒造りに来ていた。その晩秋に蔵入りした杜氏や蔵人たちの最初の仕事は、井戸浚《さら》えであった。まず、井戸の汚れを落とし、水をすっかり汲みだして底のぐり石まで丹念に洗う。新鮮な湧水になってからも三日間ほどは毎日数回の汲みかえが行なわれた。これは、仕事はじめとして全員があたる習わしだった、とどの酒蔵でも伝える。

## 禊ぎという精神文化

日本人のカミ観念、カミ信仰のなかには、「祓う」要素がじつに多く存在する。「罪穢《けがれ》」を祓うのである。

たとえば、神事のいちばんはじめに修祓《しゅばつ》行事があり、神主が大麻《おおぬさ》（幣）を振る。神輿渡御《みこしとぎょ》の先頭には、大麻や塩湯桶《えんとうおけ》をもった先祓いがたつが、それが猿田彦や獅子に扮しての場合もある。また、神楽では、湯立てとか榊舞とかにその儀がある。

神道だけにかぎらない。仏教において香《こう》を焚き、その煙を身に浴びるのもそうである。もっとも身近なところでは、葬儀のあとで清めの塩を撒くのもその儀にほかならない（宗派によっては、それを行わないところもある）。また、修験において水垢離《みずごり》をとったり火渡りの荒行を行なうのもそうである。つまり、私ども日本人が宗閥を問わず伝えている信仰の基本的な前段行事なのである。

もろもろの罪穢を祓うことを「禊《みそ》ぎ」とか「禊ぎ祓い」ともいう。ミソグ、すなわちミソソギ（身滌）からきたのであろう。したがって、その意にしたがえば、禊ぎ祓いとはいうものの、「禊ぎをもって祓う」ということになろうか。

禊ぎ、あるいは祓いの所作は種々あるが、古くからもっとも広く行なわれてきたのは、水によって身を清めることである。

たとえば、神前に参るとき、かつては境内に近い川や池、海岸などで禊ぎをしてから参詣することが多かった。つまり、水垢離をとる。あるいは潮垢離をとる。たとえば、伊勢神宮に関係しては五十鈴川や二見浦《ふたみがうら》が存在する。また、各地の名社名刹に関連しては、神泉《しんせん》とか精進川とかいう垢離場が存在する。

現在でも、神社に、あるいは一部の寺院にも手水鉢《ちょうずばち》が存在する。これは、垢離場を縮小化したもの、とみるべきだろう。つまり、参拝前に、水で手を洗い、口をすすぐことが、もっとも簡単な禊ぎ、あるいは祓いの所作になっているのだ。

禊ぎ祓いの古風を全国的によく伝えている行事が、六月から七月にかけての夏越《なごし》の祓いであろう。社寺や村境に茅《ち》の輪を掛けての夏越の祓いはよく知られるところであるが、ここでは、残念ながら少なくなった古風にこだわることにする。

この日、各地で伝えてきた禊ぎ祓いは、ひとことでいえば「水浴」にほかならない。

たとえば、山口県から北九州にかけて、とくに海辺の村落では、人はもとより牛馬までをも海に入れて遊ばせていた。シオカキとかシオバレといったのは、潮垢離の意に相違あるまい。

中部地方から関東、東北にかけては、七月七日にそれを行なっていたところが多い。ネムリナガシとかいう。長野県、群馬県、栃木県あたりでは、七日の早朝に川で男女ともに水浴をしていた、という報告がある。

秋田県、青森県あたりでは、藁で船をつくり、それに色紙で飾ったタケやネムの木を立て、それを若者が担いで川辺に送っていき、朝を迎えると流す行事が伝わっていた。つまり、人が水に入らずとも、藁船なり人形《ひとがた》なりにこれを託して穢れを祓い流すという習俗も存在したのである。

ほかにも、夏のとある日、蚊帳や味噌桶、仏壇など平生に洗濯や掃除がゆきとどかないものを水で洗う習俗も各地で伝えていた。掃除を兼ねてのことではあるが、これを「お清め」と呼ぶところもあったので、夏越に準ずる行事とみておこう。

なお、五月節供に菖蒲湯《しょうぶ》に入り、冬至に柚子《ゆず》湯に入る習慣は、今日も多くの家庭で伝えているだろう。これも、禊ぎ祓いの一種とみることができる。温湯で禊ぎ祓いをするようになったのは、もちろん風呂が発達してからのこと。本来は、水垢離をとるべきところを簡略化したのである。

「禊ぎをすませた」とか「水に流す」などという発言を、ときに耳にする。言葉だけの形骸化とはいえ、それも日本文化の伝承とみるべきだろう。

## （三）森と信仰

### オヤマたる条件

日本には、オヤマ（御山＝霊山）がたくさんある。

「御山」となると、ただのヤマではあるまい。「御」を冠するからには、ある種の尊厳が認められる特別な山ということになる。

ミセンとかオンタケ・ミタケなども同類とみてよかろう。

オヤマは、東京都御蔵島《みくらじま》にある。ミセンは、京都府下と広島県宮島にある。オンタケは、木曾の御岳山が有名である。鹿児島県下にも桜島、鹿屋、諏訪之瀬島にある。ミタケは、埼玉県の秩父、東京都の奥多摩、長崎県の対馬などにある。

それぞれの土地でその山をさして、単に「オヤマ」と俗称する例は、さらに多い。あらためていうまでもなく、それらは、霊山霊峰として信仰の対象とされているのだ。オヤマは、カミが集《すだ》く聖域なのである。

オヤマのオヤマたる条件は、まず、その山容が秀麗であること。遠目に眺めて、いかにも威風堂々として、何人をもってしても犯しがたい存在でなくてはならない。たとえば、全国各地に○○富士と俗称する山が多くあるが、そのほとんどは、神霊の宿るオヤマとされているはずである。

その意味では、高峰、あるいは巨山である方がよい。それを、巨人とみた、とする説もある。「山がそびえる」とか「山が走る」という表現は、山を巨人にみたててのこと、とすれば納得しやすい。

それよりも、もっと単純に考えてよいのかもしれない。じつにすがすがしく、穏やかな表情のときもある。雨にかすんでみえるときもあり、雲に隠れてしまうときもある。その表情の変化が、「とりよろふ」(『万葉集』で天の香具山をほめたたえる語。精霊が憑《よ》り集まるさまをいう)として、人びとに畏怖の念を抱かせたのだろう、と想像するのはたやすい。そのとき、高く大きな山容がより効果的であっただろう。

オヤマのオヤマたる次の条件は、空気の冴えである。ある程度の標高をもつ山であれば、その中腹から上は、空気が清く感じられるはずだ。さらに、そこに樹林がうっそうと生い茂っていると、なおすがすがしく感じられるだろう。山の「気」、あるいは、森の「気」とでもいうべきものがある。それが、「オヤマの霊気」なのである。

もうひとつ、森の「気」がある。こだまである。「木霊」と書く。ということは、オヤマの霊気にほかならない。

やまびこともいう。登山が盛んになるのは近・現代のことであるが、そのころから遊戯的に「ヤッホー」と連呼することになった。それはそれでよいが、やまびこは「山彦」と書く。それは、山のカミの別称である。これも、オヤマの霊気なのである。

オヤマの霊気を尊いものとした。いや、現在《いま》も、それで癒やされるとする。

むろん、科学的に証明するのはむつかしい。だが、いわゆる都市化現象が進んだところで生じた、さまざまな文明病の原因とされるストレスの解消法のひとつに、森林浴の効果があげられる事実もある。なによりも、山に入って空気の冴えを感じたことがあるかどうかを問えば、私ども日本人にはその体験が共有できるはずである。

とくに、日本列島は、その国土の約三分の二を山地が占めている。ほとんどのところで、緑たおやかな山が身近にある。そのあたりまえの風景のなかから、いかにもそれらしい山を選んでオヤマとしているのである。

もっとも、オヤマがオヤマとして孤立しているわけではない。人を完全に拒絶した聖域でもない。

とくに、人里から離れた高峰でもないかぎり、オヤマは、人びとの生活圏の内にある場合が多い。そのところで、オヤマは、人くさくもあるのだ。

それでは、カミの領域とヒトの領域は、どのように区分されているのだろうか。

たとえば、古く『出雲国風土記』（天平五〔七三三〕年完成と伝わる）に「上頭《みね》に樹林《はやし》あり。此《こ》は則《すなわ》ち神の社なり」とある。それを遥拝するかたちで、山腹や山麓に神社（社殿）が建つ。そのようすは、『富士参詣曼陀羅』（室町後期）でも確認できる。

これを、それぞれの生活圏にも近い一般的なオヤマの構図にならしてみると、以下のような三区分となる。

まず、山頂部がカミの集くところ。すなわち、カミの領分。そして、山麓が人びとの暮らすところ。すなわち、俗界にほかならない。

さらに、その中間にもうひとつの領域がある。いわゆる山腹部。もっとも森林に恵まれているのが、この領域である。氏神《うじがみ》の神社は、多くが人家のある山麓に移されているが、もともとはこうしたところに祀《まつ》られていた、といえる。事実、そうした例も多く伝わる。山のカミや産土神《うぶすな》（一般には開墾神）の社も、こうしたところにある。

そのところでは、山腹もカミの領分といえるが、人びとも出入りをする。材木を伐り出したり炭を焼いたり、茸類や山菜類を採りに、そこに入る。つまり、準生活圏にあり、「山の幸」を得るところなのである。と、先述した。

山の幸を与えてくれるのも、山のカミにほかならない。オヤマそのものを山のカミが所轄する、とする伝承も多い。古くさかのぼれば、オヤマ信仰は、山のカミを崇めての信仰でもあるのだ。

山のカミといえば、大山祇命《おおやまつみのみこと》を連想する人もあろうか。山頂に大山祇命を祀る例も、少なくない。しかし、『広辞苑』（第六版）にもあるように、そもそもヤマツミとは、「山の霊」のことである。したがって、大山祇命は、俗にいうところの山のカミのより神格化された存在、とみるのがよい。
いわゆる神道の成立以前から、日本人にとって、山のカミは、万能神でもあった。そのことは、現在の民間伝承例でもたしかめられるのである。

## 枝葉によるカミおろし

たとえば、季節折々に家庭で祀るカミは、山から招く、と伝える例が多い。
代表的なのが、歳神《としがみ》（歳徳神）と田のカミである。そして、それは、山のカミの化身、とする伝承例も少なくない。

「正月来れば歳徳神《としとくしん》　節分過ぎれば田のカミさん　八朔すぎれば山のカミ」

備中北部（岡山県）で語り継がれてきた諺である。また、北関東の童唄《わらべうた》では、次のように歌っていた。

「お正月さまござった　ゆらゆらゆらと　ユズリハにのって　山からござった」

ユズリハは、ユズリハ科の常緑樹で、西日本各地に自生する。この場合は、ユズリハがカミの依代《よりしろ》となる。平ったくいえば、乗りもの。したがって、家に招いたあとも粗末には扱えない。現在でも、注連縄《しめなわ》にユズリハをはせる（とりつける）形式が各所に伝わっているが、その由来を如実に物語っている。
一般には、マツ（松）の枝を歳神の依代とする。門松は、いまではさまざまな形式を発達させているが、本来のカミの依代としては、ただ門先にマツを立てるだけでよいのである。

田のカミの依代となるのも、山の枝木である。たとえば、中国・四国地方の農村では、田植えの初日、田の水口に土を盛り、そこにサクラやウツギ、クリなどの枝を立て三束《みたば》の苗を置く。とくに、山から枝木を切ってくるのをサンバイ降ろしといった。サンバイは、苗の三把（三束）からきた呼称であろう。サンバイさんは、田のカミであるが、山から降りてくる、とする。そして、三束の苗を神座として鎮座ましますのである。

なお、田のカミは、山に棲む祖霊の化身という説もある。そのことについて、たとえば、柳田國男は、「田の神と山の神はもとはひとつであって、それは祖霊である」と論考している（『定本柳田國男集　第一一巻』に所収の「山宮考」）。

神道系の降神行事でも、山からの樹木・枝葉をもって示す伝統がある。

その代表的にして象徴的な依代が神籬《ひもろぎ》である。とくに、地鎮祭のような屋外の神事には神籬が不可欠である。ふつうは、サカキの大枝がつかわれる。古く『古事記』のなかにも天《あま》の香山《かぐやま》の「五百津真賢木《いおつまさかき》」の記事がある。あくまでも、オヤマのサカキであることに意味があるのだ。つまり、サカキは、オヤマの象徴なのである。

サカキなどの枝葉を依代とするのは、柱立ての縮小型とみることもできる。

伊勢神宮の遷宮における芯の御柱《みはしら》、諏訪大社における御柱《おんばしら》などの伝統行事にも相通じる、とみてよかろう。

さらに、人里における社殿が、こんもりと樹木で囲われていることの意味もそこに相通じることになる。

いわゆる鎮守の森。それは、オヤマを模したものであろうことは、もはや想像にかたくない。いうなれば、そこは、オヤマという聖域の分地なのである。人里に鎮守の森を築き、そこに神霊を勧請したのは、カミの「御蔭《みかげ》」（おかげ）を常に身近に感じていたい、という人びとの願望の具現にほかならない。それと、オヤマにみだりに立ち入ることを戒める気持ちも、人びとが共有していたからでもあろう。

したがって、カミのまつりをオヤマで行なう例は、案外に少ないのである。人里に社殿を設け、人びとは忌み籠って神霊の「御現《みあ》れ」を待ち、それが叶ったところで馳走《ちそう》や歌舞をもってカミを歓待するかたちをとる。つまり、それがまつりの本義、としてよい。もっとも、それもこれも、オヤマに登る労苦をいとっての人間のご都合主義といってしまえばそれまでである。が、まつりを継続するということは、つまりはそうした人びとにとっての都合もはたらいてのことだったのだ。

なお、仏寺も、「山号」を冠している。山頂に奥の院を設けているところも少なくない。平地にあっても、山門をもっている。日本の原初の信仰への習合、とみてよかろう。そして、「神仏習合」という世界でも例のない信仰の広がりをみたのも、うがってみれば、オヤマ信仰を基盤とすることで可能であった、ということもできるのである。

## (四) 鎮守の森

### 山頂の杜から平場の社に

たとえば、東海道新幹線で下るとき、名古屋の手前の岡崎平野のあたりを車窓から観察する。近代的な工場や住宅群があるが、そこには目を向けない。伝統的な平場農村の風景を探す。

こんもりと樹木に囲まれたところがある。そこに鳥居がある。「鎮守の森」に相違ない。そこは、常緑の森である。スギやマツも植わっているが、クスやカシやツバキなどが密生しており、陽ざしを浴びると艶やかに照り輝いてもみえる。

社殿の屋根は、森の中に隠れてほとんど見えない。一方で仏寺の甍《いらか》は、その大きさを誇示するかのように露呈している。そこに樹木は植わってはいても、森の体《てい》をなしていないのだ。その違いは、何なのだろうか。

平地にあっての森林は、一部に自然林も残っていようが、ほとんど例外なく人工林である。鎮守の森も、神社がそこに創建されたときに植樹がなされた、とみてよかろう。おそらく、日本ではじめての人工林といってよいのではなかろうか。

何のために社殿を樹木で囲ったのか。

私は、それは「オヤマ」（御山＝霊山）を模したものであろう、という立場をとってきた。オヤマには山のカミをはじめとする諸霊が集《すだ》いており、人びとはそれを遥拝し、必要なときに里に招き「まつり」を行なうのが原初的な信仰であっただろう、と説いてきた。「上頭《みね》に樹林《はやし》あり。此《こ》は則《すなわ》ち神の社なり」（『出雲国風土記』）、というように、古くカミは山頂部の森を鎮座どころとしたのである。杜《もり》と社《やしろ》は、同意語というものであった。

オヤマの山麓に社が建造される。杜が社に変わるわけだ。その場合には、社まわりに樹木を植える必要はあるまい。オヤマを背に社があるのだ。このオヤマを神奈備《かんなび》山といった。あるいは、神体山といった。

たとえば、奈良の大神《おおみわ》神社には本殿が存在しない。あるのは拝殿であって、三輪山そのものが神体なのである。古くは、こうした形式が多くあった、と思われる。

正安元（一二九九）年の作とされる『一遍聖絵』をみると、オヤマから山麓、さらに平場へと社が移行するようすがうかがえる。

それは、淡路の二ノ宮の場面（第一一巻）である。そこは、大和大国魂《おおくにたま》神社と呼ばれ、『延喜式』（平安中期に編纂の格式）では名神大社に列した古社である。すでに、社殿を構えているが、その後方の海岸近くに旧社址が描かれているのだ。そこは、岬ともいうべき岩山で、その山麓に平らな壇がある。それが旧社址である。この場合は、岩山が神体山に相違ない。絵図でみるかぎり、その岩山には樹木が少ない。森林の体をなしていない。だが、古くカミが宿るとされたのは、森林だけにかぎらない。もう一方に巨大な岩石や岩洞がある。つまり、磐座《いわくら》にほかならない。ということからすると、この岩山は、全山が磐座なのである。

その風景は、磐座の分布もみる三輪山を神体山とする大神神社のそれと似たところがある。大和からの配祀という由緒は、旧社の立地からもうなずけるのである。

歴史を古くたどってみると、カミの鎮まるところは、山頂（杜）から山麓（社）へ、さらに平場（神社）へと移行したあとがたどれる。もちろん、一様ではない。オヤマとの関係をもたずに、そこに神社が成立した例はいくつもある。が、歴史をたどってごく大まかにいえば、カミは山を下りて里に鎮まりたもうたのである。

もちろん、それは、カミの望みたもうたことではあるまい。人びとの利便のためであった。人びとの利便とは、参詣や行事のためでもあっただろう。また、氏族や集落の権力や勢力の誇示のためでもあっただろう。その理由も一様ではない。

これも大まかにいうならば、社が平地化するなかで、そこに樹林が必要となった。ここでは、オヤマ信仰の原風景を再現せんがため、とする。先述の大和大国魂神社も、現在地では、社殿の後背に深い森をもつ。参道も両側に植えこみをもつ。正面の鳥居前に立たないかぎり、社殿はほとんど見ることはできないのである。

鎮守の森はあっても、仏寺の森はない。しかし、仏寺には、山号があり山門がある。そこでも、オヤマの意識がはたらいているのである。森をもつかもたないかは、土着のオヤマ信仰からの変遷をみた神社と外来の信仰からなる仏寺の違い、とみる。仏教も、在来信仰に敬意を表するかたちで普及をみたが森の再現まではいたらなかった、とみておこう。

## そこは境内か境外か

「鎮守の森」を「社叢《しゃそう》」ともいう。

しかし、一般的につかわれてきた言葉とはいいがたく、辞典でも「神社の森」（『広辞苑』）とふれているだけで、そっけない。

二〇一三年、社叢学会理事の井上満郎氏（京都市歴史資料館館長）が、「人の立ち入る社叢」という興味深い論文を発表している（『社叢学研究』第一一号）。それによると、社叢が神聖であり人を近づけないとする一方で、人がそこに立ち入り樹木を利用する慣例もあった、という。

その具体相として、山城国の乙訓《おとくに》社では薪を採りに来た人がついでに木を刻んで仏像を造る例（『日本紀略』）や、狩猟を業とする人や樹木を伐採する人が立ち入る例（『類聚三代格』）などをとりあげている。そして、それらに対しての立ち入りの禁令がでていることにもふれている。「凡《およ》そ神社の四至《しい》の内は樹木を伐り、及び死人を埋蔵することを得ず」（『延喜式』の内の「神祇官式」）。そして、立ち入ることが慣習化していたからこその禁忌訓であった、と結論づけているのである。

まことに、そのとおりでもあったのだろう。しかし、それは、八世紀あたりのこと。いうなれば、畿内の平野部に神社が建ちはじめたころのことである。とくに、都にあっての神社は、有力氏族が勧請したものが多い。後世にはそれが町の氏神に転じる例もあるが、当時では庶民の信仰を集めるものではなかった。そこを聖域とみる観念も薄かっただろう。それが神社の境内なのか境外なのかの認識も薄まっただろう、と思えるのである。

あらためて注目すべきは、絵巻物の類である。先述の『一遍聖絵』（鎌倉中期）をみても、神社や社の神聖な領域は、忌垣《いがき》で示されているのである。忌垣とは、端的にいうと、板塀である。これが、柱をつないだ垣根だと玉垣。そして、植えこみで囲むと生垣《いけがき》となる。とくに、創建当時は、神社については、忌垣で囲うのが一般的だったことがわかる。

忌垣とは、その表記のとおり、穢《けがれ》が入りこむのを防ぐ境である。とくに、植樹した樹木が育つまでは、神域を守る大きな意味をもっていただろう。

樹林は、その外にあるのだ。ということは、神域は忌垣の内ということになり、樹林は境外ということになる。樹林をも境内とみれば、二重の境界が示されている、ということになる。

絵巻物をさらによくみてみると、社殿をとりまく樹林も二つの機能に分かれるのではないか、ともよみとれる。後背の樹林と社殿脇から参道にかけての樹林の二つである。前者は森林、後者は並木と呼び分ければわかりやすいだろう。

古代における禁令では「四至の内」とあるから、そこでは、とくにその区別は複雑でない。が、これも『一遍聖絵』で創建からさほどの年数を経ていない神社の例をみると、明らかにその景観が違うのだ。後背には神体山か、その縮図としての森林が認められる。それに対して、神社の側面は疎林であったり立木がなかったりで忌垣にたよるところが大きいのだ。古文献でその構図が明示されている記事は簡単にひろえないが、絵図からはそうみるのが妥当と思えるのである。

時代を経て、社殿脇から参道の側面の植えこみも深いものになった。後背の森林と連なって社殿の三方が深山の体《てい》を呈するようにもなった。しかし、やはり背面と側面の樹林の性格は違うのである。それは、民俗の伝承例からも明らかである。

たとえば、縁起物として大事にしていた古い土人形や土鈴の類を放棄するのは、社殿の脇の樹林とされていた。社殿の後ろにまわってはいけない、とされたし、神木とか古木とか由緒が伝わる樹の根元に置いてもいけない、とされてきた。第二次大戦後も、しばらくのあいだは、たとえば三河地方や美濃地方では、そうしてきたのである。

さらに、わかりやすいのは、時代の要請もあって道路が通じるときである。あるいは、神社経営のために保育園・幼稚園などの施設をつくるときである。社殿の後背の森林を開削することはまずなかろう。ほぼ例外なく、社殿の脇、それも前方の参道脇のあたりを造成するはずなのである。

そうしてみると、鎮守の森（社叢）とは、狭義には社殿の後背の樹林ということになる。ならば、それは、やはり神体山（神奈備山）を模したものに相違ないのである。いうなれば、オヤマ信仰の平地化の象徴ということになるのである。

鎮守の森を語るとき、とくに年配の方々が思いだすのは、唱歌の「村祭」であろう。

村の鎮守の神様の、今日はめでたい御祭日（一番の冒頭）
夜まで賑ふ宮の森（二番の末尾）

ここでも「宮の森」が神体山に連続したものであることをうかがわせる。古く、人びとは、まつりのときにかぎって、こぞってオヤマへの登拝を行なったのである。それは、たとえば『常陸国風土記』（奈良時代初期）における筑波の山の嬥歌《かがい》（春秋の農耕儀礼）からも歴史が明らかである。

神社がそこに建造されたのちも、その地域に住む人びとは一年に何度か鎮守の森に集うことを習わしとしてきた。それが、まつりにほかならず、現在《いま》にも伝わる。ただ、一般にはオヤマ信仰への回帰の意識が後退して久しい。「村祭」が歌えない人も増えている昨今である。

ドンドンヒャララドンヒャララ

鎮守の森は、そうした歴史の変化、変遷を黙して見守ってきたのである。

## (五)「山・森」と「川・海」

### 山岳信仰の三態

これまで何度か、オヤマ(御山＝霊山)信仰について述べた。

オヤマ信仰も、広義には山岳信仰である。

山岳信仰は、大別して三つの形態がある。

そのひとつは、修験が開いた信仰形態である。平安時代の密教(天台宗・真言宗)の成立と関係し、役小角《えんのおづぬ》を祖とする。入峰修行に最大の意義を求めるのは、そこで胎蔵界(密教用語)に入ったという精神集中が得られる、とするからである。それで呪験の力が増す、とするからである。

その入峰修行で、僧にあらざる行者を修験山伏といい、その修法や祈禱などを修験道といった。また、山中で呪験力をみがいたのち、村里に降りて呪術、祈禱を行なう者を里山伏といった。

吉野(奈良県)・熊野(和歌山県)・羽黒山(山形県)・英彦山(福岡県)などが修験が開

いた代表的な山である。いわゆる深山幽谷をなす大きな山で、人を拒絶する玄《くら》さと厳《いかめ》しさを有する。富士山も古くさかのぼれば、修験の山であった時代がある。

なお、狭義に山岳信仰というと、この修験の入峰を指す。

次は、庶民のオヤマ信仰であり、その対象となる山である。

日本各地に霊山と見立てるオヤマがあり、人びとは「山の神」を崇めてきた。歳神も田の神も水の神も、山の神が一時転じたものとする信仰が広く分布をみるのである。

オヤマは、神体山、神奈備《かんなび》山とも称されるもので、孤立峰である場合が多い。山容が美しく、緑たおやかである。人の入山を拒否するものではないが、山頂部は神の領域として祭礼のとき以外は立ち入らなかった。

民間の信仰として今日まで伝わる。が、古代までさかのぼってみると、たとえば、三輪山（奈良県）を神体山とする信仰は、大和政権以前から存在した。ということは、『古事記』に収録されている三輪山伝説からも明らかである。

このオヤマ信仰は、農村社会で発達をみた。田植どきに山の神を田の神として招く予祝儀礼が各地に伝わるのが、そのことを如実に物語っている。

ところが、海村もオヤマを崇めてきた。これが、第三の形態である。

ここでは、オヤマとともにミサキ（岬）に注目しなくてはならない。

全体的に山がちな日本列島では、山が海岸近くまでせりだしているところが少なくない。

そのなかでも、海べりに突出した小山をミサキと呼ぶ。ただの陸地の先端《さき》ではない。それに「御《み》」を冠しているのであるから、神の依りつくところなのだ。これも、オヤマの類に相違ないのである。

とくに、沖行く船は、ミサキを見ながら航海した。江戸時代までの日本では、沿岸航法、沿岸漁業が主であり、そこでは陸の地形をたえず測りながらの操業が発達した。そして、ミサキへの信仰も発達させたのである。

たとえば、帆船が岬を通過するときは、帆を少し下げて黙禱《もくとう》する作法があった。

近代以降、蒸気船となったのちも、それが長く行なわれてきた。たとえば日御碕《ひのみさき》（島根県）沖で、たとえば室戸岬（高知県）沖で、船長が黙禱を捧げていた、という。

私たち日本人の原初信仰の心象がそこにもみられるのだ。

## 森は海の恋人

二〇年ほど前に訪れた青峯《あおみね》山正福寺（鳥羽市）での祭礼（御船祭《おふなまつり》）の光景が忘れられない。たしか、旧暦一月一八日が祭礼日であった。

正福寺は、山頂に近い谷あいに位置する。その参道に沿って縄が張ってあり、色とりどりの大漁旗が所狭しと吊り下げられているのだ。山中にありながら、漁港と見まちがえるほどのにぎわいなのである。

それを「御船祭」というとおりに、広く漁村からの信仰を集めているのである。青峯山は、標高三三六メートルの小山であるが、海上からの見通しがよく、古来、航海の目印とされてきた。

そこに正福寺が建立されたのが、八世紀半ば。『正福寺縁起』によると、僧行基が伊勢神宮へ参詣したところ神託を受けた、という。その神託とは、「これより巽の方に霊場アオノミネがある。そこに伽藍を建てよ。広大無辺の利益あるべし」、というもの。やがて、真言寺院となり、神仏習合の信仰を集めるようになった。

青峯山に参ると風雨の難を免れる、という俗信が広まるのは、江戸時代のことである。大坂と江戸を結ぶ廻船が、風待ちや水補給のために鳥羽港や的矢《まとや》港に入港するようになってから、地元以外からも広く信仰を集めることになったのである。

御船祭の起源については明らかでないが、これも大規模になったのは近世以降のことであろう。たとえば、江戸後期の年号が刻まれた石灯籠に「海上安全」の文字が認められる。また、本堂と聖天堂を結ぶ回廊には一〇〇点をこえる奉納絵馬が掛けられているが、そのほとんどが「海難救助」を祈念したり感謝して納めたものである。石灯籠や絵馬の奉納は、江戸時代の流行《はやり》ということができるのである。

現在、正福寺に参ると、漁民たちは御札《おふだ》や旗（青峯旗という小旗）を授かる。また、海女《あま》たちは、サメ除けの呪文が縫いつけられている鉢巻きを授かる。かつては、青峯山に群生するホオノキ（朴）やヤマザクラを荒彫りした小仏の像も授かっていた、という話も伝わる。それを、船玉《ふなだま》（魂）棚に納めておき、海難に遭遇したときに取りだして海に浮かべて無事を祈念した、というのである。海村とオヤマは、かくのごとく密接につながってきたのである。

こうした事例は、各地に分布する。

先年（平成二三年三月）、東日本は、未曾有の災害に見舞われた。被災された方々は、なおご苦労を強いられており、お気の毒なかぎりである。そうしたなかで、気仙沼《けせんぬま》（宮城県）で漁業やカキ養殖に携わっている人たちが、少し落ち着いてからその復興を願って室根山（岩手県）に登拝した、という。

気仙沼の漁民たちは、古くから室根山神社の祭礼にも参加しており、海を育み海を守るオヤマを崇めてきたのである。山の樹木が保水の役目を果たし、雨水や雪どけ水を地中に溜め、それが清水として川の流れを加減し、やがて海に注ぎ、海藻や魚介を育む。その循環を、古くから人びとはよく認知していたのである。

「森は海の恋人」とは、気仙沼でカキ養殖にいそしみながら、室根山への植樹運動に取り組んでいる畠山重篤氏の口ぐせである。言いえて妙なる名言である。

## 富士山は原初信仰の象徴

平成二五（二〇一三）年、六月二六日、「富士山」の世界遺産への登録が決定した。

おめでたいことには相違ない。地元では記念イベントが相次ぎ、夏には登山者が大幅に増加した。

そうした祝賀ムードに水をさすつもりはさらさらない。が、この際、日本人として、富士山の文化的な意味をもういちどしかと認識することが大事だろう、と思えるのである。

ちなみに、ユネスコの評価内容は、次のようなものであった。

「独立成層火山としての荘厳な富士山の形姿は、間欠的に繰り返す火山活動により形成されたものであり、古代から今日に至るまで山岳信仰の伝統を鼓舞し続けてきた。頂上への登拝と山麓の霊地への巡礼を通じて、巡礼者はそこを居処とする神仏の霊能を我が身に吹き込むことを願った」(文化庁の報道発表資料より)

そして、これらの宗教的な関連性のなかで数多くの芸術作品を生み、富士山への憧憬、感謝を共有する伝統を育んできた、と続く。

もちろん、右の評価は、要約されて新聞紙上にも載ったのでご承知の方も多かろう。が、このことを最重要項として強調した報道例は少なかった。それもあってか、一方で、山容の美しさだけをもって自然遺産、と短絡視している人も多かろう、と思える。これは、文化遺産なのである。

現代の私たち日本人は、「信仰」についての意識が薄い、無関心である。残念ながら、そういわざるをえないところがある。

だからでもあろう。勧告事項が付いており、次のように記されているのだ。六項目あるが、「神聖さ・美しさの質の維持と相反する要請に関連して、資産の全体構想（ヴィジョン）を定めること」「山麓の巡礼路の経路を特定し、それらがどのように認知・理解されるのかについて検討すること」「上方の登山道の受け入れ能力を研究し、（中略）来訪者管理戦略を定めること」などと辛辣である。私たちは、これを重く受けとめなくてはならないのである。

そこで、入山者の制限とか入山料の設定など、行政が中心での検討がはじまっているのである。しかし、もっとも大事なのは、私たちの意識の改革なのである。とくに、私たちは、戦後から長く宗教とか信仰の話題を避けてきた経緯がある。それは、さまざまな配慮や遠慮がはたらいてのことに相違ないが、そのせいで歴史認識の感覚が鈍ってしまった、ともいえよう。

富士山は、日本の山岳信仰の象徴なのである。いうなれば、オヤマ（御山）・ミサキ（岬）の総本山。本来は、「祓い」もせずにそこに入りこむことは、はばかられてしかるべきことなのである。時代は変わってきている。が、新幹線で上下するときに富士山の雄姿を車窓から眺めて、その気分のよさを否定する人はいないだろう。それが信仰、とはいわないが、神々しさを感知することに素直でありたい、と思う。

# 第二章　四季五節の循環——旧暦で語るべし

## (一) 正月の「事はじめ」「事じまい」

### 事はじめの煤払い

日本列島は、四季があざやかである。そこで四季折々の行事を発達させた。なかでも、もっとも重要であり、今日に伝わるそれは、正月である。

正月は、歳神《としがみ》さまを迎えて、新たな年の一家の安全と繁栄を願う行事である。いまでは、氏神や檀家寺へ参るのが正月の行事のように思われているが、かつては、それよりも家庭の行事の方に重きがおかれていた。

正月行事は「事はじめ」にはじまり、「事じまい」に終わる。

事はじめは、一二月一三日。あるいは、一四日とするところもあった。竃《かまど》をさらえ、家の内を清めて正月を迎える、そのあらたまりの日なのである。いいかえれば、歳神さまを迎えるべく「物忌《ものいみ》」の生活がこの日からはじまるのである。

事じまいは、一月一五日。正月の飾りものを焚きあげて、その火で鏡餅を焼き、正月行事の終わりとする。

かつて、正月とは、一二月半ばから一月半ばまで、すなわち、大晦日もしくは元旦に歳神を迎えるという最も清浄な行事をはさんで、前後約半月ずつの一ヵ月をいったのである。それが時代とともに変容をきたし、江戸の武家社会や町人社会では、正月七日までを「松の内」というようになった。大きく変化するのは近代で、これは、役所や学校の休暇制度と関係してのことであった。

さらに大きく変わるのは現代で、サラリーマン中心の社会になってからは、事はじめは年末の納会となり、事じまいは一月七日前後の仕事はじめとなった。正月気分にひたる期間が大幅に短縮されたのである。

古く、正月の事はじめは、煤《すす》払いからはじまった。

煤払いは、家中の大掃除のことである。いまでは、大晦日近くに行なうところが多いが、古くは一二月一三日がその日とされていた。家内の煤を竹ぼうきで払い、畳をあげて風を通す。部屋ばかりでなく、食器もすべて棚ざらいをして洗う。そして、煤払いのあとは、それに用いた笹や箒《ほうき》に酒を供え、祝宴を開いたりするところもあった。

江戸時代の記録や絵図をみると、それが顕著である。明治以降も、昭和前半ぐらいまでは、各地の旧家ではそうした一連の大掃除が行なわれていた。とくに、全国に共通するのは竈の掃除である。竈をきれいにして、正月のさまざまな供えものや料理を清浄な火で調理することに意味があるのだ。

とくに、近代以前は、灘五郷《なだごごう》（兵庫県）から江戸への下り酒をのぞいては、清酒の流通が全国的に未発達であった。各家・各集落で濁酒や焼酎を製造してきた。とすれば、そうした酒づくりは一〇日から二週間を要するので、煤払いをした後が酒づくりのはじまりとなったのである。

餅搗きや節料理（オセチ）の調理は、年が押し迫ってから行なった。それは、何より保存状態を考えてのこと。とくに鏡餅は、暖房の未発達な時代には、寒気にふれると一日にしてひび割れたり削げたりしてしまう。そこで、年末ぎりぎりの餅搗きとなったのだ。

だが、二八日は、荒神《こうじん》を祀る日で火が荒れがちである、として避けた。二九日はクモチ（苦餅）といって縁起が悪い。さらに晦日《みそか》餅は一夜飾りとなるので好ましくない。などと言い伝えられ、かつて餅搗きは二七日までに完了するのが常識とされていた。

## 門松と注連縄

煤払いが終わると、次に門松を立てる。門松は歳神がやってくるときの依代《よりしろ》である。

仏教や神道が成立する以前は、多くの日本人が、山頂に神々や精霊が棲む、と信じていた。現在も、全国各所に神仏が宿るとするオヤマ（御山＝霊山）がたどれるがごとくにである。
歳神もそうで、山のカミがその時期に歳神に転身して里に降る、とする。そして、多くの地方で生命の象徴とされる常緑樹のマツに依《よ》りついて里へ降る、としたのだ。そして、歳神を家々に迎えるにあたり、その乗りものに相当するマツは、門先に残す。門松の起こりは、そこにある。その後、歳神を家内に通し、はじめは鏡餅に降臨鎮座を願う、という図式が描けるのである。

門松は、いまではさまざまな形式を発達させ、華美を競う傾向がみられる。だが、本来、神の依代としては、ただ門先にマツを立てるだけでよいのである。つまり、かたちではなく、マツそのものに意味があるわけだ。

マツは常緑で、伐ったあとも日もちがよい。その青々とした美しさは、生命の象徴としてふさわしかった。すぐに萎れて変色するような植物は、神の依代として適当ではなかった。また、マツは神の棲む彼方の聖地（オヤマ）を代表する清浄なしるしでもあった。なお、神事で多用される榊や竹笹なども同様の意味をもつ。

注連縄《しめなわ》もまた、神が降臨した神聖な場所を示すための結界の標識である。さらに、そこへの不浄や悪霊の侵入を防ぐ役目も兼ねている。つまり、魔除けでもあるのだ。

注連縄を張る場所は、地方ごと家ごとにさまざまであるが、一般的には歳神を迎える門口や玄関に張る。また、家の周囲ぐるりに注連縄を巻く例もあるし、竈神や水神を祀るところに張ることも多くみられた。

とくに、大和から近江・若狭にかけての農山村では、集落の出入口に大注連縄を張るところもあった。

注連縄は、ふつうの縄と違い、左縄といって縒《より》が逆目で綯《な》われている。これは、おそらく逆手を使うことのむつかしさを行《ぎょう》とみなし、それによってつくられた注連縄を尊んだのであろう。つまり、潔斎して丁寧に綯ったとくべつの縄であることをあらわしているのである。

歳神を迎えるのは大晦日の夜、あるいは元日の早朝、とした。

それにしたがえば、歳神を迎えたしるしとして、本来はそのときに門松と注連縄を設けるべきなのだろうが、それではあまりにせわしない。ということから、鏡餅ができたところで門松を立て注連縄を張って歳神を招魂する、ということにしたのである。

**若水と屠蘇**

歳神を迎えたあと、福茶と屠蘇《とそ》（酒）でからだを清め、年のはじめを祝う。

まず、若水迎え。元日の暁どき、井戸や川から水を汲んでくる行事であり、その水を若水という。厳格な事例では、新しい年の年号と元旦の文字を書き入れ、注連縄をつけた桶と柄杓を持って、井戸や清水の湧く場所まで水を汲みにいく。ふつうはそこまでしないが、柄杓は新調するのが一般的であった。そして、汲み上げるときには、たとえば「福どんぶり、徳どんぶり、福汲む、徳汲む、幸い汲む」などという唱えごとをした。

若水桶には、サカキの葉やタチバナの実を浮かべる。神聖さを視覚的に強調するのであって、それは、出産時の産湯にも共通することであった。

その若水で、福茶をたてた。

福茶は地方によって多少は違うものの、一般的にはつけ梅や切り昆布、粉山椒などを入れた緑茶である。その福茶に添えられる代表的な菓子が、干し柿であった。菓子は、もともとは「果子」。砂糖が普及する以前は、とくに干し柿が糖度の高い果子として珍重されていたのだ。

若水迎えと福茶・干し柿による年祝いの習慣は、水道の普及とともに、すでに後退して久しい。が、年末になると商品化もされた福茶と干し柿を目にすることがある。ただの茶菓にあらず、ということを大事に伝えてゆきたいものである。

一方での、屠蘇祝いの習慣もそうである。

屠蘇は、もとは中国の薬種。それを酒に混ぜた屠蘇酒が宮中の儀式に導入され、やがて武家社会に伝わった。五節供（人日・上巳・端午・七夕・重陽）を公日とした江戸幕府では、とくに正月元旦の人日の節供祝いを大事とした。

さらに民衆社会への普及は、江戸では江戸後期、地方へは明治以降とみるべきであろう。

現在、私どもがなじんでいる屠蘇酒は、山椒・オケラ・キキョウ・陳皮・防風・ニッケイの皮などを合わせ、布袋に入れてみりんや酒に浸したものである。年頭にあたってこれを飲むと、一年の邪気悪霊を払い、寿命を延ばす、とされる。それはそれでよいが、本来は、人日の節供祝いにあることを記憶にとどめておきたい。

屠蘇を飲む作法は、「式献」にしたがうと、三つの盃をそれぞれ三口で飲み干す。それで、三三九度。そうした盃事は、契約儀礼である。夫婦盃・親子盃・兄弟盃など。屠蘇祝いは、歳神の前で家族相互が信頼と扶助を約束する、とすればよかろう。そのところでは、屠蘇酒にこだわらず、御神酒《おみき》を用いてもよろしいのである。

**雑煮**

屠蘇祝いのあと、雑煮《ぞうに》を食す。

雑煮は、本来、歳神の依代《よりしろ》である鏡餅を切り分けて、家族で食するものである。それは歳神の「御魂《みたま》分け」であり、それによって「おかげ」があったとするのだ。正月の鏡餅にかぎったことではない。氏神のまつりなどでも、そうである。鏡餅を切り分けて、参列者が持ち帰る例が各地に伝わっているのである。

だが、正月では、鏡餅を切り分けることをしない。鏡餅は、松の内、あるいは小正月までそのまま飾っておく。それは、寒中の鏡餅は、固い上に割れたり削げたりしていて切り分けにくい、使いにくいという生活の合理から生じた習慣である。

そこで、雑煮用には小餅を別に用意する。それが丸餅であるか切り餅（のし餅）であるかは、さほど問題ではない。寒冷地にあっては、ひび割れを未然に防ぐために餅をのして水泡や気泡をおしだすことになり、のした餅は切ることになる。これも、生活の合理というものであった。

それが証拠に、雑煮に切り餅を使うところも、鏡餅は円形であるはずである。神座としては、あくまでも鏡（円形）に意味があるのだ。

なお、年玉も餅と関係がある。現在、年玉というと、子どもたちへの新年の贈りものと考えられており、それも金銭に代替されるようになっている。だが、本来、年玉は、歳神が配するおかげを意味したのだ。すなわち「歳魂《としだま》」（歳神の分御魂）である。それゆえに、かつては年玉として、小餅が配られてもいたのである。

余談になるが、ひとつの提案である。

のし袋の表に「お歳魂」と書いてみたらどうだろうか。子どもたちには、読めないだろう。そこで質問がでてくれば、しめたものだ。そこで、右のような説明をしてみたらどうだろうか。文化伝承とは、そういうものではあるまいか。

## 小正月

一月一五日を小正月という。これは、元日を大正月と呼ぶのに対しての小正月である。

もっとも古く、中国から導入されたとする太陰暦を基準にすれば当然のことではある。そこでは、新月の一日を「朔《ついたち》」、満月の一五日を「望《もち》」とした。したがって、小正月は「望の正月」として祝われたのである。

暦の普及により、旧暦にも太陽暦が部分的にとりいれられた（ゆえに、これを太陰太陽暦という）。江戸時代に、農事暦でその試みがなされている。ただ、農業や漁業では、なお月齢が必要であった。明治以降は、しだいに「新暦」（太陽暦）が普及。やがて、月齢を忘れるともなく、忘れることにもなった。

小正月は、農作の予祝行事に片寄るかたちで伝えられるようにもなったのだ。たとえば、稲作や畑作の作柄を粥や餅で占う「年占《としうら》」が行なわれた。また、本来なら田植どきに行なわれる「田遊び」をこの時期に行なうところもあった。とくに、東日本各地では、「お蚕さんの正月」といって、削り花（丸木を削ってつくった造花）や餅花（繭玉《まゆだま》ともいう）を飾って祝った。

現在に伝わる小正月行事は、トンド焼（ドンド焼・左義長ともいう）である。そこでは、正月の飾りものを焚きあげる。鏡餅を割ってトンドの火で焼いてたべるところもある。もちろん、これも雑煮の習慣と同様に、鏡餅の霊力にあやかって無病息災を願ってのことである。

この小正月のトンド焼をもって、正月の「事じまい」とする。その意識は薄いかもしれないが、注連縄《しめなわ》や餅飾りなどを焚きあげるのであるから、たしかにそうなのである。

かつての農山村では、それから労働がはじまる。もちろん、まだ寒中である。雪に埋もれたところもある。正月気分はここまで、というのはタテマエというもの。二十日《はつか》正月とか一日《ひとえ》正月とかいって、また麦飯正月とかともいって、二月の節分のころまでは農山村での労働は、なお本格化はしないのである。

むかしの百姓（百姓百職といわれたごとくの庶民全体をさす）は働きづめで生活は困窮を極めた、という印象も強かろう。が、じつは正月をゆっくりと過ごし、さまざまな行事で飲食も楽しんでいたのである。

## （二）春の予祝行事

### 「年占」と「田遊び」

一月一五日の小正月を「百姓（ここでは農民の意）の正月」、といった。

それは、そのころ農作の作柄を願っての予祝行事を行なったからである。その代表的なものが、「年占《としうら》」と「田遊び」であることは、先述もした。

年占は、その年の作柄を古来の呪法《じゅほう》をもって占うことである。

たとえば、「粥占《かゆうら》」や「餅占《もちうら》」などが各地に伝わる。粥占は、粥の中に月の数だけの竹管を立て、その中に入った粥の量の多少によって月別や作付け別の豊作を占う法がもっとも一般的であった。また、黴《かび》のつき方によって占う法もみられた。餅占も、それに準じるものであった。

現在《いま》も、粥占を顕著に伝える例がいくつかみられる。

代表的な事例が、彌彦《やひこ》神社（新潟県西蒲原郡）のそれである。

彌彦神社は、弥彦山の麓に位置し、弥彦山全体を神域とする。数々の祭事があるが、特筆すべきが一月一五日・一六日に行なわれる粥占炭置神事である。

一五日は、供粥祭。正午から神職が粥を炊き、長さ二寸（約六センチ）ほどの管の筒一二本を木にくくりつけたものを桶にさし立てる。粥が炊き終わると、すぐにその桶に移し、神前に供えて祝詞を奏上する。また、約二寸ほどに切った一二個の炭を真っ赤になるまでおこし、これを土器にのせ、釜のまわりに並べておく。

翌一六日未明、粥占の儀がとり行なわれる。神前の粥の桶を下げ、管に入っている粥の量によって作物の作柄を占う。また、釜の粥を調べ、表面が固く水気のないのを上、水気や亀裂のあるのを下、と判じる。

次に、釜のまわりの炭を一二ヵ月に当て、外部が燃え尽したものを晴れ、炭のまま残ったものを雨、灰の散乱したものを嵐として各月の天候を占う。この神事のようすは、一般には公開されないが、その結果は「占定書」として拝殿内に掲示されるほか、県下二万人あまりの初穂講の人びとにも配布される。

埼玉県の金鑽《かなさな》神社（児玉郡神川町）では、粥占の一種である筒粥神事がみられる。神事の催行人は、一週間前から厳重な物忌を行なう。とくに前日の一月一四日は、潔斎して一室に籠る。そして、翌一五日は午前一時に起床。新たに燧石《ひうちいし》できりだした忌火で竈《かまど》に火を焚きつけ、粥を炊く。その材料は、白米三合・小豆五勺・塩小量・水二升、それに編管（青竹の筒に相当するもの）二四本である。

午前五時に竈から粥をおろして神前に供え祭典を執行。その後、粥占を行なう。編管のなかに入った米・小豆の粒の多少によって、その年の五穀の豊凶を判断するのである。埼玉県下では、ほかに三峯神社でも同様の筒粥神事が行なわれている。

なお、群馬県下では、近年まで、一月一五日に、神社や集落の集会場など各所で粥占がみられた。多くは小豆粥で、鍋の粥を粥かき棒でかきまわす。粥かき棒には、繭玉を水引きで取り付けたりした。その棒の先に米粒が多く付けば米が豊作、小豆粒が多く付けば小豆が豊作、と占ったのである。

春の予祝行事のもうひとつに、「田遊び」がある。「田楽」・「田植踊り」もこれに類する。壬生《みぶ》の花田植（広島県）のように、田植どきに行なわれる事例もあるが、多くが小正月に重なるのは、田植どきの忙しさを避けてのことであろう。

田遊びは、実際に田植を行なうわけではなく、あくまでもまねごと（田植の模擬）に終始する。それをもって、予祝行事とするのである。

たとえば、神社の拝殿や境内を水田に見立てる。そして、田ごしらえ・苗代づくり・籾《もみ》播き・苗取り・田植・草取り・稲刈り・倉入れといった一連の稲作の作業を模擬動作であらわすのである。

そこでは、しばしば翁《じじ》と姥《ばば》とのやりとりが笑いを誘う。あるいは、作男と早乙女《さおとめ》のからみが笑いを誘う。それは、抱擁の所作（舞）や性的な会話がはさまれるからである。

もちろん、時代を経てそれがおもしろおかしく芸能化もされたところでの演技というものである。しかし、田遊びの本義を外すものではない。豊作予祝としての本義を外すものではない。なぜならば、「穂ばらみ」と「子ばらみ」は対の願目であるからだ。いいかえれば、「五穀豊穣」と「子孫繁栄」となる。それを体現しているのである。

田遊びが行なわれるのが神社の境内だからといって、また、神主が関与するからといって、社頭儀礼とみてはならない。本来は、田植をする水田や苗代で行なうものなのだ。ちなみに、東北地方の農村では、雪の中に藁を立てて田植の模擬をする。これを「庭田植」といい伝えているのである。

国の重要無形民俗文化財の指定を受けた田遊び・田楽のたぐい（田植え当日の御田植祭のたぐいは除く）は、一一を数える。おもなものに、岩手県「山屋の田植踊」、福島県二本松市の「石井の七福神と田植踊」、東京都板橋区の「板橋の田遊び」、静岡県浜松市の「西浦の田楽」、愛知県三河地方の「三河の田楽」、和歌山県「那智の田楽」、佐賀県「白髭《しらひげ》神社の田楽」などがある。

このなかでとくに注目すべきは、「板橋の田遊び」であろう。徳丸北野神社（板橋区徳丸）は二月一一日、赤塚諏訪神社（板橋区大門）は二月一三日、それぞれ祭礼の夜に奉納される。中央に太鼓が据えられ、それを田に見立てて、そのまわりで太鼓を叩きながら唱えごとをする。また、木の枝元に餅をつけたものを鍬にして、田均《たなら》しから稲の実りまでのしだいを演じる。

板橋のその一帯は、現在は東京都の市街地のなかにあるが、江戸の開幕のころには、新田開発が行なわれんとした地である。関東ローム層のなかで保水の条件が悪い地であった。そのとき、人びとは、どれだけの苦労をして稲作に取り組もうとしたことか。そうした風景を想像しながら見ると、田遊びが秘める農民の切実な心情に近づけるかもしれない。

### サクラと苗代開き

草が萌え出て水がぬるむころ。川原にはヤナギが芽吹き、空にはウグイスのさえずりが。そして、山には、サクラが芽吹き、やがて咲き誇る。

農村では、それがうれしい知らせであった。

かつては、それを作暦《さくごよみ》とした。それによって、「苗代《なわしろ》開き」（苗代はじめ）の日時を定めたものである。

日本においては、長く稲作が基幹農業であったことは、周知のとおりである。農村人口と都市人口が逆転し、急速に減反政策や米離れ現象が進むのは、経済の高度成長がはじまる一九六〇年代の後半からのことである。それまでの日本は、愚直なまでに稲作の増産に励んできた。

その稲作の作業はじめが「苗代開き」。このごろは、田植機に合わせて農協が栽培した苗を購入するところが多いが、かつては、各家で苗代をつくって苗を芽吹かせていた。その苗代づくりをはじめるのが、苗代開きである。それは、何よりも神聖な行事だったのである。サクラが、その時期を知らせる。

サクラは、古くは山桜であった。それが平地に降りて、京においては寺桜、江戸においては並木桜となる。とくに、サクラがもてはやされるようになったのは、江戸期の武家社会においてであった。「花は桜木、人は武士」といって、その散りぎわの潔さ、美しさが、武家社会で評価されたのだ。それが、やがて、町人社会では娯楽としての花見にも転じた。

しかし、花見は、本来は農村での重大行事だったのだ。

「苗代開き」の前、人びとは、酒と肴をもって山へ登る習慣が広くみられたものである。これを「山遊び」とか「野辺遊び」といった。花見の祖型である。

八世紀に編纂された『常陸国風土記』には、「諸国の男女、春の花の開《さ》く時、(中略)相携《たずさ》いつらなり、飲食を持参して、(中略)遊楽《たのし》みいこえり」、とある。

余談ながら、「筑波峯の会《つどい》に、娉《つまどい》の財《たから》を得ざれば……」ともいう。文字どおりに読めば、この日は男女の交りが大らかに許されていた。「穂ばらみ」と「子ばらみ」は、筑波の神が認めて守るところ、というのだ。なるほど、それで後々にも五穀豊穣と子孫繁栄が対でうたわれることになるのであろうか。

山桜を愛でる。これは、ただの遊楽行事ではない。稲作にちなんでの神聖な予祝行事であったのだ。

これより、本格的な田ごしらえ、そのはじめの苗代づくりがはじまるのである。

**田植とサノボリ**

苗代をつくり、種籾《たねもみ》を撒いて苗が芽ばえ、それが尺五寸（約四五センチ）ほどになると、田植がはじまる。約二〇日間ぐらいを待たなくてはならない。

このとき、あらためて山から田の神を降す行事もあった。

「田のカミのヤーハレナ　春正月は　アラサノサーサ　歳のカミヤーハレナ　歳のカミヤーハレナ　歳のカミヤーハレ　三月からは田のカミよ　田のカミをヤーハレナ　今こそ降ろすよアラサノサーサ」（岡山県備中地方のサンバイ降し）

つまり、本体は山のカミであり、正月には歳のカミに転じ、春には田のカミに転じる、とうたっているのだ。そこで、田の神をサンバイさんといった。

中国・四国地方でいうサンバイさんの祀り方と供えものは、地域によってさまざまみられる。たとえば、岡山県の吉備高原では、苗三束を立てた上にウツギかカキの葉を置き、その上に豆飯やイワシ（鰯）を供える。また、たとえば、広島県の神石高原では、田の一角に苗三束を植え、ウツギやクリ、カヤなどの枝で森林を模したところを三ヵ所つくる。苗の上にナラの木の葉を敷いて、酒・イリコ・ミョウガ・赤飯・おはぎなどを供える。

このサンバイさんを祀るのは、家ごとの行事であった。したがって、同じ村落内でも一様ではないのだ。が、昨今は、そうした風景がみられなくなった。

いくつか理由がある。

たとえば、田植機の導入以前と以後とでは、サンバイさんの神座となる苗に決定的な違いが生じたのだ。田植機で用いる苗は、それ以前の苗よりも細くて短い。半分以上、細くて短い。したがって、束ねてみても腰が弱い。それに、豆飯やイワシを載せるのはむつかしいほどに頼りないのである。

もうひとつの理由は、田植の時期が早まったことにある。

それは、農山村でも、高度経済成長期における各種の製造工場の増設にあわせて勤め人が増えることになったからだ。すると、農作業は週末に集中することになる。とくに、短期に労働を集約する必要のある田植は週末だけではできなくなり、五月初旬の連休に移す例が増えてきたのだ。一ヵ月以上も前倒しになったのだ。

その時期には、ウツギやカヤなどの若木も、まだ頼りない。それもあるが、サンバイさんを祀る人びとの余裕も失せたのであろう。多くの地方でそうであった、といえる。
しかし、それを連綿と伝えるところもある。広島県の東北部では、サンバイさんを祀っての水口《みなくち》祭が伝えられているのだ。そのはじめ、神主が祝詞を奏して祭典を行なうところもある。

そこは、「大田植」が盛んなところである。

大田植は、大字《おおあざ》か小字《こあざ》単位のムラ（田植組）で伝承されている田植まつりである。花田植・はやし（囃＝囃し）田・供養田植・いさみ田などの呼称がある。共同作業であるから、それは、その集落ごとに定めた一番田で行なわれる。代表的なものに、広島県での壬生《みぶ》（山《やま》県《がた》郡北広島町）の花田植、新庄（山県郡北広島町）のはやし田、安芸（山県郡北広島町）のはやし田、岡山県での哲西《てっせい》・神郷《しんごう》（新見市）のはやし田などがある。

なかでも、壬生の花田植は、最大規模を誇って有名である。昭和五一（一九七六）年には、国の重要無形民俗文化財に指定された。また、平成二三（二〇一一）年にはユネスコの世界遺産（無形文化遺産）にも登録されている。

現在は、六月の第一日曜日に所定の水田で行なわれる。主役は、数頭の牛。造花を取りつけた鞍を載せ、頭を紅の鉢巻で飾る。そして、馬鍬《まんが》を引いて代かき（泥田均し）を行なう。そのあと、音頭とり、囃子方《はやしかた》（笛・鉦《かね》・小鼓・大太鼓）、早乙女などが、それぞれに菅笠《すげがさ》をかぶり、着物や法被《はっぴ》を着けて田に入る。音頭とりが打ち鳴らすササラ（竹製の打楽器）の拍子にあわせ、囃子方が大太鼓や小太鼓、笛や手打鉦で囃す。そして、早乙女が田植歌を歌いながら植えていくのである。

田植をすませての祝宴は、サノボリと称するところが多くみられる。ちなみに、サノボリの「サ」は、清浄なるものの冠詞。サナエやサオトメなどもそうで、とくに田植作業に「サ」を冠する事例が多い。すなわちカミがとりなす役割や作業をさす。サノボリは、田のカミが田植の終了で大役ご免、すなわち上《あが》り、という意味なのである。

それで、田植祝いとなる。古くさかのぼってみると、一番田の田植が終わったその脇で宴を催したことがたしかめられる。それは、『月次風俗図屏風《つきなみふうぞくずびょうぶ》』（室町時代）や『耕稼春秋』（江戸時代）などの絵図でも明らかである。が、現在では、みられない。ただ、田植が共同で行なわれていたころまでは、すべての田に苗が植った後でサノボリ（祝宴）を行なっているところが多かった。

田植祝いで食される魚を、とくに「田植魚」という。これは、半世紀ほど前までは、中国山地の農村部に顕著な例がみられた。マンサクとエイである。かつて、海から離れた山村では、塩魚を運び入れたものだが、肉厚の大型魚が好まれた。食用効率としては、当然のことだ。ときに、漁村や町場ではほとんど食べられない大型魚も運ばれてきた。

マンサクは、シイラの別称である。シイラは、中国地方では発育不良の籾《もみ》の俗称でもあることから、縁起のよいマンサクという呼称をつくったのである。マンサクは、塩焼き。エイは、味噌汁で食べるのが一般的。こうした行事に密接に関係した地方色豊かな食文化が、田植前線と同様にほとんどかえりみられなくなった。

現在《いま》、春になると「桜前線」の北上が毎日のように伝えられる。が、かつては、「田植前線」のニュースも報じられてきた。桜前線と田植前線のカーブはほぼ同じ。桜前線を追うように、約二ヵ月遅れで田植前線が北上したのである。

その二つの前線のうちの一つが、話題になることがなくなった。田植歌もサノボリも忘れられて久しい。棚田の景観も残るところが少なく、田植えをせず放置されて荒れ果てた田んぼも少なくない。私たちの稲作文化に対してのまなざしは、さほどに冷淡になったか、といわざるをえないのである。

## (三)　夏

### 夏越の祓い

「夏の餅は犬も食わん」といった。

夏はせっかくごちそうをつくっても、腐《いた》みがはやく日もちがしない。もちろん、冷蔵庫が未発達な時代のことだが、現代でも仕出し料理から生ものが減ることは周知のとおりである。

近世のころまでは、酒も行事にあわせて自分たちで造っていたところも多かったから、飲みごろを定めることがむつかしかった。というか、五節供のなかでも七夕酒がないごとくに、夏場の行事に酒を供給することは、まことに難しいことであったのである。

酒とごちそうがなければ、ハレのまつりは成り立ちにくい。とくに、「御神酒あがらぬ神はなし」とか「何がなくても酒がサキサキ」（サキは酒の別称。先に掛けた）といったように、まつりに酒は不可欠である。

しかし、夏にもいくつかのまつりが年中行事化されている。酒にもごちそうにも細心の注意をはらいながら、古くからまつりが催されてきたのである。八朔（旧暦の八月一日）には、「田の実《み》まつり」「盆まつり」があり、「夏まつり」がある。

そうした夏のまつりのはじめに「夏越《なごし》の祓い」がある。

夏越の祓いは、六月晦日（三〇日）をもって行なわれる。もっとも、それは、旧暦で定められていた。夏の盛りを迎えるにあたって、恙《つつが》なく過ごせるよう祓うのである。

夏越の行事として今日によく伝わるのが、「茅《ち》の輪くぐり」である。

そこでは、カヤ（茅）に霊力があるとして、それをもって邪気悪霊を祓おうとする。カヤの霊力とは、ひとつには青く繁る生命力の強さが尊ばれたから。もうひとつには、そのかたちが薄刃に似ていたからであろう。

かつて、人びとは、高温多湿な夏を迎えるにあたり、なによりも疫病の流行を恐れた。それを茅の輪をくぐることで防ぐ、とするのだ。昨今は、神社や仏寺の行事として催されることが多いが、村落の入口でも行なわれていた。

一般的には、茅の輪の中に左足から入ってS字形に回り右足から出ることを三度くりかえす。つまり、輪の中を左回り、右回り、左回りと、8の字に三回くぐるのだ。その時、「ソミンショウライ、ソミンショウライ」という呪文を唱える作法が伝わる。

「備後国風土記逸文《びんごのくにふどき》」（鎌倉中期の『釈日本紀』に所収）に記された「蘇民将来《そみんしょうらい》」の話に由来する、という。

ある時、北海にいた武塔神《むとうしん》が南海にいた女神を訪れようとして日が暮れてしまい、蘇民将来と巨旦将来《こたんしょうらい》の二人の兄弟に一夜の宿を頼んだ。弟の巨旦将来は、金持ちだったのに断り、兄の蘇民将来は、貧しかったのに喜んで家に招き入れ粟飯をごちそうしてくれた。武塔神は、そのお礼に「茅の輪」のお守りを蘇民将来とその家族に授けた。すると、村に疫病が流行って皆死に絶えてしまったのに、蘇民将来の一家だけが無事だった、という伝説である。

さて、茅の輪くぐりのあと、カヤの二、三本を引きぬいて持ち帰り、それを家の門口に立てる。あるいは、掛ける。それが旧来のかたちであった。

夏越の祓いには、別の行事もみられる。

身についた不浄を祓うとして、川や海に入って垢離《こり》をとる。というか、水遊びをする習俗が、山口県から九州にかけて近年まで伝わっていた。とくに、海辺の村落では、牛馬までも海に入れて遊ばせた、という。

なお、『神道辞典』では、諸説を紹介するが、「上古、六月、十二月晦日に朝廷に於て大祓《おおはらえ》が行なわれ、また民間に於ても一般に祓除《ばつじょ》を行なった」という由来には、あらためて注目しなくてはならない。一年を二期に分けての晦日、大晦日に祓いをして次の新期を迎える、とするのだ。それを、他の祓いとは区別して「大祓」(祓除)としたのである。

この一年を二期に分ける法は、各所に伝わってもきた。「盆、暮」という言葉があるが、決算の時期がそうである。また、中元と歳暮の贈答習慣もそうである。ただ、大祓の行事は神社に伝わるものの、民間での水遊びのような祓除がみられなくなって久しいのである。

## 日本ならではの盆行事

盆は、旧暦七月一三日から一五ないし一六日にかけて、先祖の霊を家に迎え、供物を供えて供養する行事である。仏教の盂蘭盆経《うらぼんきょう》(語源は梵語の Ullambana) に由来するとされ、盆会《ぼんえ》ともいい、一般には仏教行事(回向《えこう》)に位置づけられている。文献上みられる最初の例は、『日本書紀』によると推古一四(六〇六)年で、宮廷の仏教行事として行なわれた、とある。それは、中国での行事を倣ったものと推測できる。

しかし、盂蘭盆経がいかなるものであったか、以後の日本ではほとんど問うことがなかった。民間に広まった盆行事は、仏教色が薄く、師檀制度（檀家制度）が定まった江戸前期以降の色合いである。むしろ、そこには、それ以前の祖霊崇拝のかたちが顕著にみられるのである。

日本では、古くから先祖の御魂《みたま》を祀る「御魂まつり」とか「御魂しずめ」がこの時期に行なわれていた。民間の盆行事は、そうした土着の祖霊信仰と仏教の回向とが融合したもの、とするのがよい。現在も、盆行事が画一的でなく、地方によって少しずつ異なるのは、その土台にそれぞれの御魂まつりや御魂しずめの習慣があるからなのである。

ちなみに、正月も半年を隔てて盆と向き合う「先祖まつり」とも位置づけられていた。そこで、正月に迎える歳神も祖霊の性格をもつ、という民俗学での解釈もなされるのである（『民俗学辞典』ほか）。

ひらたくいえば、盆も正月も、カミ、ホトケ、それに祖霊を家に招き、もてなし、親しく交流をはかる一面をもつのである。

行事の構成も、似たようなもの、と対比できる。たとえば、正月を迎えるにあたっての祓いが「煤払い」や「大祓《おおはらえ》」であるのに対して、盆を迎えるにあたってのそれが「夏越《なごし》の祓い」とみることができる。

また、神仏の迎え入れが、正月では依代《よりしろ》としての門松、盆のそれが迎え火。その違いは、山からの歳神（歳徳神）か、墓からの祖霊なのか、ほどの違いである。が、それよりも、常緑樹も篝火《かがりび》も依代としては同等で、ところによりまつりにより使い分けがなされるだけのこと、と考えるのがよい。祓いをして、しかるべく後に依代をもって神霊や精霊を迎える、その構図の共通こそが大事なのである。

とくに、盆行事の場合は、先祖霊が主賓である。その先祖たちの霊界と私たちの俗界をつなぐ存在として長老が敬われることにもなる。長老は、つまりは生見玉《いけみたま》（生御魂）である。いいかえるならば、カミ・ホトケを最上位とし、ご先祖さまが中間にあって、以下ほぼ年齢順に現世の人間が下層に連なる構図のなかで最も霊界に近い存在。「お宮さん、お寺さんづとめは、年寄りの役目」といってきたし、現在でもそうされるのは、その伝統的な霊位観にしたがってのことである。

したがって、盆行事では、祖霊を迎えて祀るだけでなく、生見玉へ敬意を表し祝福する習俗がもとはかなり広汎にみられた。

古く『親長卿記《ちかながきょうき》』の文明八（一四七六）年七月一一日の条にも「若宮御方已下有御祝之儀、いきみたま上席にありて」云々、とみえるので、すでに室町時代には生見玉を敬う習俗があったことがうかがえる。

江戸時代になると、それは庶民のあいだでも広く行なわれるようになった。たとえば、貝原益軒『日本歳時記』の七月一三日の条に、「生見玉の祝儀とて、玉（魂）祭より前に、おやかたへ、子かたより、酒さかなをおくり、又饗《あえ》をなす事あり、いつの世よりかはじまりけん、今の世俗にする事なり、死せる人はなき玉をまつるに、今いける人を相見るがうれしきとのこころなるべし」と記されている。

「敬老の日」が法定祝日となったのは、昭和四一（一九六六）年のことであるが、すでに往古よりその原型たる行事があったのだ。死霊をまつる前に、あるいはそれと同時に生霊《いきりょう》の長寿の祝いをしたのである。

生見玉への祝賀行事としてもっとも一般的なのは、盆中に魚を獲って家内の長老に供し、自分たちも共食するという習慣である。中国地方や四国で、近年まで盆の前にムラごとに池ざらえや川ざらえが行なわれていたのも、そうである。水田への用水を無事落とし終えた祝いの意もあったが、同時にその馳走の魚獲りを行事化してきたのである。たとえば、讃岐平野（香川県）では、七月一四日を「人間の盆」といって、両親のそろった者にかぎってのことであるが、淡水魚を食べる習慣を伝えてきた。

また、海水魚を馳走としたところもある。たとえば、鳥取県下では、サシサバ（刺鯖）を食べる習慣を伝えてきた。いずれにしても、この時期、食の細った老人への滋養となる魚の贈答、という意味が共通するのである。

関東の農村部では、他家に嫁いだ娘が米や小麦粉を持ち帰り、それを用いて膳を調え両親に食べてもらうという習慣もあった。一般的に、盆には、うどんやそうめんなどの麵類が好んで供されてきたが、これも祖霊への供物というより、むしろ夏場で食が細った老人を慰労するため、とするのが妥当である。

そうしてみると、盆に際しての帰省の習俗も、そもそもは生見玉へのご機嫌うかがいという意味が強かった、ともいえよう。血縁社会のなかで行事化された、その伝統、とすべきである。

はじめに生見玉へのねぎらいあり、なのだ。

## 夏のまつりは都市を中心として

夏のまつりは都市部で多くみられる。そして、ひときわ盛大であるものが多い。それは、人口の集中がなせること、といえばそれまでだが、もうひとつ理由がある。

都市部にはハレの要素が日常生活のなかに拡散しているから、まつりであればふつうのハレの倍増、三倍増といったにぎわいが生まれてくるのである。そして、信仰からなる本来の行事も伝わるものの、都市住民というのは概して流行に敏感であり、そのところで行事の周辺で遊戯化が進む。やがて、遊戯化が進んだ部分がさらに肥大化して、それがまつりの呼びものにもなるのである。

たとえば、東京の山王祭・三社祭・天神祭、京都の祇園祭、大阪の天神祭、博多祇園山笠をはじめとする九州の各都市での祇園祭などがそうである。豪華な山車《だし》や神輿《みこし》が町中を練り歩き、群衆は狂喜乱舞する。神社や仏寺に詣でて額《ぬか》ずく人は、いなくはないが、割合としては少ない。また、そこでの人出をあてにして露店や大道芸も集まってくる。

こうした大規模なまつりは、どちらかといえば城下町や宿場町よりも商都や港町に多くみられる。まず、まつりを維持するための資金調達が、旧守性の強い城下や宿場に比べるとはかりやすかったからであろう。住民の自由度も高かったからであろう。

とはいっても、それは現象面からの観察で、まつりの意味は別にあるのだ。農山漁村と違って、都市では出自の異なる多様な人びととその多様な生活があって、信仰もまた多様な展開をみせている。すべての人をつつみこむ共同体としての信仰は、当然、農山漁村とは別種のものなのである。

都市の夏まつりは、祇園祭に代表されるように「疫《やく》（厄）除け」を祈願するものが多い。疫病や雷害は夏場に生じるのであるから、当然のことである。とくに、人家が密集していることでの被害の拡大は、人びとをしてもっとも恐れさせることであった。したがって、厄災を除くさまざまなまじないやまつりが夏場に発達したのである。

とくに、伝染病封じが願目であれば、出自がどうであれ、都市住民の願目としては一致をみるのである。

都市において夏まつりが盛んになった二義的な要因としては、町場の夏の蒸し暑さも無視はできないであろう。人家が密集したところでのそれは、農山漁村の比ではない。逃げ場のない都市住民にとって、夏まつりは、いわば酷暑を逆手にとっての生命の再生法でもあったのだ。「暑気払い」というがごとくにである。

いまも、冬と夏（二月と八月）の商業活動の落ち込みを「二八の枯れ」というが、とくに夏の暑さは、人びとの活動を停滞させる。日常（ケ）の活動がにぶる季節に、つまりケガレ（穢＝気枯れ）がちな季節に、ハレ（晴）の祝祭を設定して、そこに人出を喚起する。人出があれば、消費経済も活発になる。一時的にせよ、人びとが活性化するのである。

つまり、まつりは、ケ→ケガレ→ハレ→ケの循環をなすために重要な再生行事なのである。まず、ケ（日常）の仕事を休む。晴着でめかして、神仏に詣でる。そして、酒とごちそうで食養生。さらに、歌舞音曲で浮かれもする。それで人びとは、再生を期したのである。

## （四）秋まつりと供えもの

### 新米を献じる秋まつり

ドンドンヒャララ　ドンヒャララ
ドンドンヒャララ　ドンヒャララ

唱歌「村祭」の囃し言葉である。その前に「村の鎮守の神様の　今日はめでたい御祭日」とうたう。

といっても、いまどきでは、その風景を連想できる人が少なくなっているのではあるまいか。村の鎮守の神様とは、氏神様のこと。ドンドンヒャララとは、太鼓と笛の擬音。などと説明を加えなければいけないとは、昭和も遠くなりにけり、だ。

昭和四〇、五〇年代の高度成長期からのち、日本人の生活様式は大きく変わった。その結果が、都市への人口集中。そのあおりで、農山漁村の過疎化。最近は、村まつりの維持さえままならなくなっている集落もでてきている。

かつては、といっても、ほんの半世紀も前までのこと。村まつりは、各地でにぎわっていたのである。

神輿や山車も境内から御旅所《おたびしょ》へと繰りだした。子どもたちが歓声をあげながらそれを追った。夜神楽も、大勢の人を集めて演じられた。商店もないような小村にも、行商人がやってきて飴やおもちゃの露店をだした。村まつりは、一大行事だったのである。

もちろん、現在も各地に秋まつりが伝わる。

時期は、一般的には一〇月から一一月。もっとも、古くは旧暦だったのを近代以降は新暦に移したので、現行より約一月おくれが本来のまつりの時だった、としなくてはならない。

それは、稲刈りをすませて米の収穫が成った直後なのである。稲作中心の平場農村では、旧暦一〇月までに収穫を終えたら直ぐにまつりができた。一方、中山間の農村では、稲作とほぼ同じ面積の畑作がある。畑作の始末まですませるには、さらに一ヵ月ほどがかかる。そこで、「霜月まつり」（旧暦一一月）となる。とくに西日本の山地農村には、霜月まつりが多く分布するのである。

秋まつりは、いうまでもなく「実りの秋」の祝祭である。

秋の実りの代表が米であることは、いうをまたない。

まつりの神前には、穀物や野菜、海の幸、山の幸など種々のものが供されるが、いつも不可欠なのが、飯と酒と餅である。それは、神官が奏上する祝詞《のりと》にもよく表されている。「大前に御飯《みけ》、御酒《みき》、御餅《みかがみ》をはじめて種々《くさぐさ》の物を横山の如く机代に置足らわして……」と、一般的には続く。その順が前後することはまずないはずだ。つまり、常に最上位に飯・酒・餅が位置しているのである。

これを熟饌《じゅくせん》という（もう一方に生饌《せいせん》がある）。熟饌は、いずれも「米」の加工品である。

今でこそ米ばなれの食生活が主流をなしているが、それは歴史からみると現代にかぎっての新現象にすぎない。かつて、米は、常食としてはゆきわたらなかった。江戸期の年貢米制度や戦時中の配給米制度をもちだすまでもなく、一般的には米だけで毎日三度の食事を賄うことはできなかった。が、さいわいにも、一方で畑作物に恵まれていた。長く日本では、専業の稲作農家は少なく、稲作と畑作の兼業農家が圧倒的に多かったのだ。そこで、少量の米に雑穀や根菜類を混ぜて増量した糅飯《かてめし》（麦飯や稗飯など）や雑炊で日常を食べつないできたのである。

米は、あくまでもハレ（非日常）の食材であった。ゆえに、それをチカラ（力）とかトシ（稔）と呼び、霊力の宿る神聖な食料としたのだ。とくに白米だけの加工品は最大のごちそうであった。そこに「御」を冠するごとくにである。

米は、というよりも稲は、もともと南方系の農作物であった。日本は、稲作地帯の北限にあたる。私どもの先祖は、代々を通じて品種を改良し、農法を開発して、この列島に稲作を定着させたのだ。したがって、まつりの最大の動機は、先祖の労苦をしのんで稲作の豊穣を感謝することであったに相違ない。そこで、米を第一の供えものとするのは道理というものであろう。そして、「神さま、仏さま、ご先祖さま」の召し上がりものとしては、白米だけをふんだんに使って、しかも調理の手間をかけた御飯（もしくは、強飯《おこわ》）・御酒・御餅を用意するのも道理というものだろう。

また、それをあとで下して氏子や産子が分配していただくのである。神人が相嘗《あいな》める。あるいは神人の共食。まつりでのそれを「直会《なおらい》」ともいうが、それは、日本のまつりの最大の特色といってよい。それによって、私どもは「おかげ」があったとするのである。

とくに明治以降、まつりの供えもので米がさらに特化することになった。生饌の最上位も米（玄米と白米）、ということが日本中に徹底されたのだ。それは、神仏判然令（神仏分離）にともなって、神社神道を国是と定め、公的行事の祭式統一がはかられたからにほかならない。そして、村里においても宮中儀礼にならった「新嘗祭《にいなめさい》」がもっとも重要なまつりとして位置づけられたのである。秋まつりが新嘗祭に。それも、以前から各地で土着の秋まつりが行なわれていたからこそ、それにかぶせるかたちで新嘗祭をとりいれることが可能だったともいえるのだ。

ちなみに、新嘗祭の「嘗」の語義も、カミとヒトとが嘗《な》めあうことで「饗」とも通じる。つまり、神人が共食することを意味しているのだ。そのところでは、日本のまつりの祖型は官民ともに同根にあった、といえるのである。

## 米だけでない秋祝

南北三〇〇〇キロにも及ぶこの日本列島での人びとの暮らしは、ひととおりではない。

とくに、古い時代にさかのぼってみると、それぞれの土地土地でそれぞれの収穫（獲）物の祝いを行事化させていたのである。総じて秋まつりというものの、けっして一様ではなかった。ところによっては、獣肉や根菜や山菜、あるいは魚介類や海藻類など、米以外の収穫（獲）物が、まつりの主座に収まる例も当然あった、はずなのである。

まつりの神饌《しんせん》は、まず第一にその年の豊作を奉告し、豊作の永続を祈願するために、その品ぞろえをする意味が強い。とすれば、本来はその品々は、ところにより異なるのが当然なのである。もとより、この国においては、神饌に何を供えてはいけないというとりきめはなかったのである。

それが、明治政府によって神社神道が国是とされ、稲作農本の思想が強く反映されることになった。のちにいうところの明治祭式の統一をもって米とその加工品が神饌の上位を占めるようになったのだ。そして、野菜や魚、木の実やマツタケなどは下位に加えられることになったが、獣肉や川魚の類はほとんどそこから落とされることになった。とくに、前代にもまして獣肉を忌み嫌うようになったのである。

それでも、現在にまで伝わる旧慣もある。明治祭式の規制も法律のように厳格なものではなかった。これが「日本の信仰」のよいところである。

たとえば、日向山地（宮崎県）のまつりでの獣肉。シシトギリというその神事の呼称が示すとおり、山の神に対してイノシシの豊猟を謝し、イノシシの霊魂を慰める意義があるのはいうをまたない。椎葉《しいば》村の神社の秋まつりでは、社殿とは別の拝所をつくり、そこにイノシシの頭を祀る。また、神楽場に供えたシシ肉を串差しにして松明の火で焼き、それを参拝者に配る事例も伝わる。

信州（長野県）の諏訪上社での御頭祭《おんとうさい》は、シカの頭を供えることでよく知られる。現代は剝製のそれを供えるが、以前は七五頭のシカの生首が並べられた、という。また、香取神宮（千葉県）での大饗祭では、「鴨羽盛」が供えられる。ダイコンの上に羽ごとぶつぎりにされた鴨肉が置かれたものである。

ほかにも、たとえば四国山地にはほとんど稲作をもたない集落もあり、そこでのまつりではサトイモとその料理が供される。また、広島県下の農山村では、マンジュシャゲが主座に供えられる例もある。それは、飢饉のときはその球根が食糧になったという先祖の労苦をしのんでの伝承なのである。

そうしたまつりは、現在では奇祭として紹介されることが多い。だが、米への偏食傾向が生じる以前にさかのぼってみれば、その土地土地でのあるべくしての当然のかたちだったのである。

## 芸能も供えるもの

まつりの供えものは、食べものだけではない。まつりの楽しみは、飲食だけではない。芸能もまた「奉献」されたものであった。とくに、秋まつりでは、神饌と芸能をもって神々をもてなすことが各地で顕著に伝えられてきた。

その芸能には、神楽や番楽があり、太鼓踊りや獅子舞がある。とくに、神楽が全国的な分布をみる。

神楽は歴史も古い。『古事記』では、須佐之男命の悪行を嘆いて腹をたてた天照大御神《あまてらすおおみかみ》が天の石屋戸に姿を隠したとき、天宇受女命《あめのうずめのみこと》が天の石屋戸の前で神がかりとなって舞い踊った、という記述がある。これが神楽の文献上の初出、したがって神楽の原型、とするのも間違いではあるまい。つまり、そこでみられるように「神がかり」の舞や「託」（託宣）の口寄せが神楽の祖型ともいえる。

それは時代とともに後退もしたが、たとえば、備中（岡山県）や備後（広島県）での荒神《こうじん》式年祭の神楽には託宣神楽が伝わっているのである。それが、次に神々の真似をしての「神あそび」に転じる。時代とともに、さまざまな芸能の要素をとり入れて娯楽化してゆくのだ。すなわち、神々を楽しませ神事・芸事から人を楽しませる芸能へと娯楽化もしていくのである。

その過程は、ところによってさまざまであり、時代ごとの変化、変容もさまざまある。現在、国の重要無形民俗文化財の神楽が三八件（令和元年現在）、県や市町村での指定が約三〇〇件、その他、未指定ながら銘々に神楽を名乗る団体も相当数あり、少なく見積もっても一〇〇〇件以上もの神楽が日本にはあるのだ。このような多様な分布は、他の民俗芸能にはみられない。そして、世界では、異常なまでの密度なのである。

ということは、私たち日本人がいかに秋まつりを大事な行事としてきたかを表している。そして、いかに秋まつりを楽しんできたかを表している。

「社前より裏《うしろ》がにぎわう秋まつり」という川柳もあった。暗闇のなかで神楽太鼓を聞きながら、若い男女には愛を確かめあう楽しみもあった、ということだろう。

しかし、その秋まつりが大きく変わろうとしている。一部では、なくなろうともしているのである。

ドンドンヒャララ　ドンヒャララ
ドンドンヒャララ　ドンヒャララ

哀愁のまつり囃し、にも聞こえてこようか。

## (五) 節分と節供、そして土用

### 節分

日本は四季に恵まれた国、という。春・夏・秋・冬がほぼ等間隔で循環する。その四季のはじめが、立春・立夏・立秋・立冬。その前日が「節分」である。

ところが、春の節分(立春の前日)への意識が一般には強かろう。節分の豆まきが一般化して久しいからだろうか。その豆まきは、小学生はいうにおよばず、保育園や幼稚園の子どもたちでも知っている年中行事である。

学校行事に導入された行事の認知度は、たしかに高い。だが、それが古くから行なわれてきた周知の行事であったかどうかは疑ってみるべきであろう。

あらためて、節分とはいかなる日なのか。

季節の変わり目をいうのである。

中国から太陰暦が伝来する以前の日本では、自然暦で、ほとんどすべての生物が生まれ出《いず》る春が年のはじめと考えられていた。つまり、立春が一年の最初の日であり、その前日の節分は、一年の最終日だったのである。

したがって、節分の行事は、基本的に大晦日と同様に年迎えの行事であり、地方によっては節分を、いまも「年取り」とか「年越し」と呼ぶ。のちに広まった旧暦（太陰太陽暦）でも、ほぼそのあたりが正月にあたるので、長く節分で年が改まる概念が定着していた。年賀状に「初春」とか「迎春」という言葉をつかうのも、立春を新年とした風習がそのまま伝えられているためである。

節分は、四季の分かれ目にあるから、年には四回。が、春の節分以外に行事らしい行事がない。たぶん、庶民にとっては、厳格に行事をそうたびたび行なうわけにもいかなかったからだろう。春の節分をもって代表行事となったのである。

ひとり節分にかぎらず、季節の変わり目は、邪気悪霊がしのびこみやすく災いが生じやすいとき、とする。現在でも「季節の変わり目につき一層のご自愛を」と手紙に書くのも、その民俗的な知識を伝承してのこと、とみるべきだろう。

それを防ぐ方法として、ひとつには物忌みをする。静かに家籠《ご》もりをしてときを過ごすのである。不要不急の外出をひかえる。それは、邪気悪霊にとりつかれて気魂を奪われることを避けるためである。

もうひとつは、魔除けのまじないをさまざま行なう。これも春の節分で一般的なのが、門口や軒下にヒイラギの枝にイワシの頭を刺して立てるというもの。それに豆がらやトベラ、タラの小枝を添えるところもある。これは、ヒイラギの葉のとげとイワシの臭いをもって邪気悪霊を払おうとするものである。

節分に豆がらやトベラを焚く習俗も広く伝わっていた。そこでは共通して、「麦じゃ麦じゃ、豆じゃ豆じゃ」とか「ええ麦ええ麦、ええ豆ええ豆」といった穀物名を連呼する呪文が唱えられる。つまり、農村社会における豊作予祝との複合化がみられるのである。

そこで、豆まきである。物忌みやヒイラギ・イワシによる魔除けのまじないに比べるとより攻撃的な行ない、といえる。豆を礫《つぶて》に見立て、邪気霊を打ち払おうとするのである。

節分の豆まきならぬ「豆打ち」は、古文献にも登場する。古くは「追儺《ついな》」とか「鬼やらい」といった。追儺は、もとは中国伝来の行事で、宮中行事となった。文武天皇の慶雲三（七〇六）年、諸国に流行した疫病を祓うために行なった「大儺《おおなやら》い」がそのはじまり、と伝わる。鬼に扮した大舎人《おおとねり》を殿上人《てんじょうびと》たちが内裏の四門をめぐって追いまわすというもので、その絵図もいまに残されている。

それが、仏寺で追儺会に転じて行事化するのが鎌倉・室町のころ。やがて、近世、江戸の後期には民間にも伝播し、家庭での豆まきが定番化したのである。明治になると、それはある種の遊戯化をして大々的に行なわれるようになった。その影響が今日にも伝わる。

さて、その豆の打ち方だが、地方によって、あるいは家庭によっての特色がみられた。たとえば、東京・大阪・京都では、ふつう、一家の主人が豆打ち役、長男が豆男となる。家人が戸や障子を開けたときに大声で「鬼は外、福は内」と叫び、豆打ち役が家中に次々と豆をまいた後、音高く各戸を閉めていく。また、長野県下では、年男かその家の男子が一升枡に入った豆をまき、その後からすりこぎをもった者がそれを動かしながら「ごもっともごもっとも」といって続く。福島県下では、桟俵《さんだわら》を笠に見立ててかぶった者が部屋の四隅に豆をまき、もうひとりが「ごもっとも押さえましょう」といいながら、箒《ほうき》で鬼を押さえるしぐさをする。もともと、ところ変われば、豆打ちもそれぞれであったのだ。

今日のように節分の豆まきがほぼ画一化されたのは、社寺や学校での行事が情報化をともなって広まったからであろうことは、想像に難くない。

なお、節分に豆をまくのは、ひとつには、豆に霊力があると信じられていたこと。さらに、まいた豆を拾って食べることで「おかげ」があるとしたのである。ちなみに、食するのは自分の年の数だけの豆。旧暦にしたがえば、すぐ正月（旧正月）になり一つ年をとるわけだから、自分の年より一つ多く食べるのが習わしであった。

## 節供

三月三日といえば、弥生の「節供」（のちに「節句」とも）である。

昨今は節供という言葉が後退して、「雛まつり」の呼称が一般化している。かつてはそれを「雛の節供」とか「桃の節供」といった。この「節供」に本来の意味がある。三月三日は、年間に数ある節供のひとつなのである。

どの節供が大事かは、地方によって異なっていた。が、一般には、五節供を行事化した。一月一日（人日）、三月三日（上巳）、五月五日（端午）、七月七日（七夕）、九月九日（重陽）の「重日」を重視したのだ。それは、古代における朝廷が中国の暦だての影響を受けて年中行事を定めた。その風習が民間に伝わってのことであった。

節供とは、季節の折目節目にほかならない。季節の変わり目には体調をくずしやすい。邪気を防ぎ健康を保ってじょうずに乗り越えようとするのは当然のこと。医薬が未発達な時代では、切実な願いであった。そこで、多様な「まじない」を発達させたのである。

まじないでは、祓いが重要であった。前節までに身についた穢《けがれ》を祓い、新節を清い体で迎えようとするわけだ。その祓いには、いくとおりかの方法がある。そのひとつが人形《ひとがた》である。紙を切り抜いた人形で体をなで、息を吹きかけて穢を移す。そして、その人形を川や海に流す。農山漁村の節供では、「雛流し」（流し雛）が古い習俗であった。弥生の節供のそれは、「巳の日の祓い」といった。現在でも鳥取県下や和歌山県下に、桟俵《さんだわら》に乗せた紙折り雛を川に流す行事が伝わる。

時代とともに、それが派手派手しくなり、遊戯化もする。といえば、おわかりだろう。現在一般化している雛人形（飾り雛）は、流し雛が装飾化された極みにある、とすればよろしいのだ。その過程で、地方ごとに板人形とか土人形も流行した。

雛人形市が立ち、今日風な雛人形がみられるようになったのは、江戸の街で元禄のころ（一七世紀後半）である。現代も東京の地名に、人形町が残る。そのあたりに雛市が立ったのだ。さらに、段飾りが出てくるのは江戸も後期から、地方に広がるのは明治以降のことである。

「女子の節供」と呼ぶのも、段飾りの普及にあわせてのことであった。そして、行事が遊戯化すると、そこに俗説がさまざまに生じることにもなる。

たとえば「女子のまつりだから甘い白酒……云々」。まさか、女子を酒飲みに育てよう、というわけではあるまい。女子用に甘酒とした、とする説は間違いである。たまたま江戸の鎌倉河岸の豊島屋が、灘からの下り酒（清酒）が荒波で届きにくく、その端境期の二月末に合成した濁り酒を店頭に並べたのが受けたからにすぎない。

それよりも「桃の酒」に本義がある。貝原益軒の『日本歳時記』（貞享五〔一六八八〕年）にも、「三日桃花を取て酒にひたし、これをのめば病を除き、顔色うるほすとなん」とある。これが、節供の「食養生」のひとつである。

その意味では、草餅をこのとき食するのも、「旬」の生命力を授かる食養生の伝統である。

ちなみに、端午《たんご》の節供（五月五日）での菖蒲酒と柏餅・ちまき、重陽《ちょうよう》の節供（九月九日）の菊酒と団子（粉餅）も同様の意味をもつ。しかし、七夕（七月七日）の節供には特定の酒や餅がない。それは、高温多湿の異常気象のなかでの食中毒を恐れてのことに相違ない。「夏の餅は犬も食わん」といったのも、その意を重ねてのことである。

節供の本義は、家族全員が参加しての祓い（まじない）と食養生にあるのだ。というか、家族が単位で伝承する日本の行事のほとんどは、季節の節目や変わり目を無事に乗り越えるための祓いと食養生にある、といってもよいのだ。四季が明らかな風土ゆえに発達した年中行事である、とみるのが妥当であろう。

## 土用

「暑中お見舞申しあげます」。とはいうものの、「土用見舞」という習俗がすっかり形骸化してしまった。

土用は、各季の節分前の一八日間をいう。夏の土用にかぎったことではなく、春にも、秋・冬にも土用がある。

この土用の期間は、季節の移行期で寒暖が定まらない。体調を崩しやすい時候なのである。ゆえに、親しい間柄のなかで相互に見舞う習慣が生じたのだ。

現在も、一部にそれが伝わる。暑中見舞と寒中見舞の葉書がそうで、夏の土用（立秋の前）と冬の土用（立春の前）の見舞にほかならないのだ。

お節介までにいっておこう。令和三年の暑中見舞は、七月一九日から八月六日の間にお出しになるのがよろしかろう。それは、二四節季暦でいうと、大暑にほぼ相当するが、大暑のほうが三日短い。

土用見舞のなかで特化したのが、夏の「土用丑《うし》の日のうなぎ」である。近年は、うなぎの値段が高騰して庶民の口には入りにくくもなった。が、それでも、その時季がくると、財布をのぞきながらも食べたくなってくる。

「土用の食養生」、ともいった。とくに、体力の消耗がいちじるしい夏の土用は、精のつくものが尊ばれた。

ちなみに、土用丑の日のうなぎは、江戸の町で流行《はや》りだした、と伝わる。平賀源内がよく出入りしていた鰻屋に頼まれてそのキャッチコピーをつくった、とも伝わるが、土用の食養生をわきまえてのことであっただろう。

土用の食養生の伝統は、古くさかのぼれば、『万葉集』にゆきつく。

石麻呂に我物申す　夏痩《なつや》せに良しといふものそ鰻《むなぎ》捕り食《め》せ（巻一六、大伴家持《おおとものやかもち》の歌）

とくに、この時季に川魚を食べる習慣も、近年まで広く伝わっていた。たとえば、四国の讃岐平野のあたりでは、盆前に集落ごとに池ざらえや川ざらえをしてコイやフナ、ウナギなどを獲る。それを仏前に供える例はないが、まずは生見玉《いきみたま》（生御魂、一家の長老のこと）に食してもらう習慣があった。

ここいらへすわりましょうと暑気見舞（江戸川柳）

これをどう読むか。うなぎを食べたあとの夜長、としておこうか。

# 第三章　人生の節目に現れる神仏――願かけとご先祖様

## （一）出産と産神

### 産湯と田植の祈願

人生の通過儀礼は、出産儀礼にはじまる。誕生、七・五・三の祝い、成人、結婚の儀礼、厄年の祓い、還暦にはじまる年祝い、そして葬送儀礼と続く。もっとも、出産と葬送については、当人が知らないところである。

これらの儀礼・行事は、そのつど生命の尊さをたしかめ、その生命のさらなる更新をはかる、という意味がある。

これが、近年、おろそかにされている。とまで断言しないが、おろそかにされる傾向があるように思える。形骸化されつつある、といってもよい。とくに、出産儀礼がそうである。

たとえば、「産湯《うぶゆ》」である。かつては、生まれた赤ん坊をまずは産湯につけた。それが、現在ではほとんど行なわれていないはずである。

産湯は、ただの湯浴《あ》みではない。その湯には、塩と酒を少々入れている。榊の葉を浮かべるところもあった。つまり、産湯をつかうことは、禊《みそぎ》であり、祓いなのだ。いいかえれば、この世に入門する、そのはじめの儀礼なのである。

そこには、切実な祈念がこめられている。この子が無事に育ちますように、という真摯な願いがこめられていた。

これを、稲作にたとえてみよう。

農民にとって田植えは、稲刈りよりも切実な祈念をもっての作業である。この苗が、無事に育ち、豊作をもたらしますように、と。旱魃《かんばつ》を恐れ、冷害を恐れて田の神に祈るのだ。総じて、田植祭り。豊作を祈念しての予祝儀礼である。

そこでの芸能も発達をみた。いわゆる田楽《でんがく》というもので、奈良盆地の農村は古い発生地のひとつである。田楽のほかに、田遊びや御田植《おたうえ》神楽などもある。田植えの模擬を、おもしろおかしく演じる。小正月（一月一五日）に行なう事例が多いのは、多忙な田植時を避けてのことである。

広島県の壬生《みぶ》の花田植、はやし田、塩原の大山《だいせん》供養田植では飾りをつけた牛に田を引かせたあと早乙女《さおとめ》たちが早苗《さなえ》を植える。いずれも国の重要無形民俗文化財であり、なかでも壬生の花田植は、ユネスコの無形文化遺産にも登録されていて有名である。

こうした田植祭りの所作や要品・要員には、「サ」が冠される例が多くある。サニワ（丁寧に均した一番田)・サナブリ(泥田を均す)・サナエ(早苗)・サオトメ(早乙女)など。このサは接頭語だが、「清らかな」という意味をもつ。ちなみに、収穫作業にサを冠する例はないのである。

古くさかのぼれば、全国各地でこうした田植祭りが厳重に行なわれていた、と思われる。しかし、一般には秋の収穫を祝う祭りの方が盛大になった。それは、明治になって神社神道を国是とするところで新嘗祭《にいなめさい》が国家的な行事となり、村落の秋祭りと重なって盛大に行なわれるようになったからである。

どちらが大事かということを問うわけではないが、農民の心情からすると、田植えにおける豊作祈願の方がより重大であっただろう。まさに、新しい生命《いのち》が生まれ、育とうとするときの心情ということで産湯と重なるのである。

## 産神は「産み」のカミ

「産神《うぶがみ》」という言葉も死語と化している。

ウブといえば、このごろは「初」の字をあてる。だが、ウブのもうひとつの語源は、「産」なのである。

ウブとは、無垢《むく》な神性、といいかえることができる。

ウブを冠する言葉も、さまざまある。産屋《うぶや》・産湯《うぶゆ》・産着《うぶぎ》・産飯《うぶめし》などだが、それらをつかさどるのが産神である。かつては、出産に際しては必ず産神を祀ったものである。

産神は、ウブノカミ・オブノカミとかウブサマ・オブサマと呼ばれた。オブは、ウブが訛《なま》ったものであろう。出自は山のカミである、ともいう。山のカミは女神であり、出産に立ちあえるから、という説が民俗学のなかでもとりあげられているが、それだけではないだろう。

山のカミは、古く諸神の根元にある。各地にオヤマ（御山）、ミヤマ（弥山）、オンタケ・ミタケ（御嶽）などという呼称が伝わるように、この日本列島には霊山信仰が根付いている。仏教の伝来、神道の形成以前からの自然信仰である。ゆえに、仏教が布教するときに寺院名の上に山号《さんごう》を冠したのだし、神社が平地につくられても鎮守の森を必要としたのだ。仏教も神道も「山」を遥拝し、山のカミに敬意を表するかたちで浸透していった。そのことは、これまでも述べたところである。

山のカミは、いくとおりにも分身する。正月には歳神《としがみ》（正月神）に、春先には田のカミに。そうした伝承は、各地に通じる。ゆえに、もっとも古くさかのぼってみれば、産神にも転じた、とするのはしごく妥当なことなのである。

産神と混同されがちなのが、「産土神《うぶすながみ》」である。産土神は、土地の親神的な存在とされる。たとえば、中国山地の農山村は、産土信仰をもっとも色濃く伝えている。そこでは産土荒《うぶすなこう》神《じん》といって、集落ごとの守護神として祀られており、現在《いま》にも伝わる。

この場合の集落というのは、近世以降の行政区分の村ではなく、中世あたりまでさかのぼってたしかめられるところのムラ。現行の地区名でいえば、小字《こあざ》にほぼ相当する。ちなみに、近世の村がほぼ現在の大字《おおあざ》に相当し、そこでは氏神を祀る。そのかぎりにおいては、産土神と氏神とは祭祀組織の大小で区別できる。そして、近世あたりまでさかのぼってみたところで、産土神は地縁神、氏神は社縁神ということができるのである。ということでは、産神は血縁神ということになる。

産神と産土神は、同根のカミ、とする説もある。子を産むのがウブガミ、土地を産むのがウブスナガミ。いずれにしても、ウブ（産）という言葉のもつ意味は大きい。

## 「白不浄」といわれた出産と忌籠り

かつて、出産も「忌《いみ》」とされた。出産をも赤不浄といったのは、血を忌み嫌う民族性からに相違ない。概して、農耕民族は、血を穢《けがれ》とみる。とくに稲作民族はそうであり、日本にかぎったことでもないのだ。これに対して、狩猟をさかんに行なう民族では、血は日常的に目にするものであって、不浄感は乏しいのである。

もちろん、現在の私たちの生活では、そのかぎりではない。

赤不浄に対して、死亡を黒不浄とした。赤不浄と黒不浄は「対」にしてとらえるのがよく、そこに共通するのは、ただの不浄感ではないということ。女性差別でもない。これも、生命の神秘性に真摯に対峙しようとした人びとの畏怖《いふ》のあらわれ、とみることができるのだ。しきたりのはじめとは、そんなものであったのだろう。それに、のちの解釈が加わることで、ことさらにうとましいことにもなるのである。

やがて、出産の場合、その他の血の穢れと区別して「白不浄」といわれるようになった。わざわざ白を冠したのは、とくに神聖さを強調せんがために相違あるまい。

私たち日本人は、いつのころからか「白」を特別な色彩とみるようになった。白衣・白馬・白山（白神山）など、信仰に関係しての言葉が多い。また、古文や祝詞で「白須《まおす》」という表現がでてくるが、その場合の白は、託宣にも通じる、とする（宮田登『白のフォークロア』）。

出産の忌籠りは、かつては長いものであった。この服忌も葬儀のそれとあわせてとらえなくてはならない。ところによって違うが、二一日とか五二日とか七五日とかであった。その間、出産を終えた婦人は、忌籠って人前には出なかったのである。

その忌籠りの小屋を「産屋《うぶや》」といった。ムラで共有の産屋である。もちろん、妊産婦は、出産前からそこに入る。そこで出産し、そのあとの一定期間を忌み籠るのである。

建物が現存する事例は、西日本の島嶼部や漁村にかたよるが、家屋の一部をそれにあてる事例もあった。

自宅での出産の場合は、北側の奥の納戸《なんど》（部屋）を使う事例が多くみられる。確認できる範囲で全国的にみても、その割合が多かった。たとえば、昭和三〇（一九五五）年のころでも、病院や助産院などの施設内での分娩は一七・六パーセント。残りの八二・四パーセントは、自宅や産屋での出産であった、という（倉石あつ子他編『人生儀礼事典』）。

## 産屋での「別火」と禁制

一部の地方では、昭和三〇年のころまでは、産屋も機能していた。

そこでの食事は、単独の産屋《うぶや》では自炊が一般的であった。出産の前後は、実母か姑《しゅうとめ》、あるいは姉妹などが食事を用意してくれるが、それ以外は自炊である。日常の生活とは火を分けるわけで、それがすなわち「別火《べっか》」であった。

「おべっか」、あるいは「おべっかい」も、その別火から派生した。ご機嫌をとることにほかならないが、それは、産屋に入った女性に対しては誰もが丁寧な扱いをすることから生まれた俗語である。産屋における妊産婦は、産神のもとにあっておかしがたい存在、という認識が共通してあったのである。

そこでは、食べることに事欠かない。その間は、労働も課せられることがない。夜は孤独だが、時折に姉妹や友人が訪ねてくる。過酷な日常の生活に比べると、そこは極楽だった、という話を、昭和五〇年代に大島や八丈島（東京都）で聞いたことがある。

産屋は、男子禁制であり、それは厳しいならわしであった。主人でも、特別な用事でもないかぎり行くことはなかった。何よりも、主人と同衾《どうきん》の煩《わずら》わしさから離れることができるのがうれしかった、といった老婦人もいた。

　産屋は、不浄を嫌って妊産婦を隔離するというだけで機能したのではない。そこでの妊産婦は、非日常の存在となった。安全な出産と、母子ともが産後の養生《ようじょう》をはかる。医療制度が未発達な時代にあっては、最善の対策だった、とみるべきであろう。

　現在では、妊産婦は産院や助産院で出産する。そして、退院後も、実家で過ごす例が多いだろう。特別扱いで守られるということでは、いまもむかしも変わらないのではないか、とも思える。

　現在は、産院や助産院からの退院が、一般的には早まっている。それにつけてであろうか、産湯祝いも産着祝い、産飯祝いも省略されている。地縁的なしきたりよりも、個々の判断が先行するようになった。全国的にみれば、それが顕著になったのは、経済の高度成長期以降のことであった。

　医療制度が整ったことで、幼児の死亡率が下がったことで、出産の神秘性が薄らいだことはいたし方あるまい。カミの加護にすがらなくても、子どもは生まれて育つもの、という思いが大勢となって久しい。かくして、産屋の存在も忘れられたのである。

　一方で、子どもが巻き込まれる凶悪事件や交通事故が後をたたない時代にもなった。かつてとは別の意味で、子どもの無事を願わずにはおれない時代ともなっているのである。

「生命《いのち》」の尊さの確認は、そうした新生児・幼児の成長を切実に願う家人・縁者の時代を超えた不変のまなざしにあるはず。今の時代は、政治や行政の手だても大事である。しかし、一方で、伝統的な通過儀礼をあらためて見直してみることにも意味があるのではなかろうか。

## （二）産名・初宮参り・食初め

### 名付け親の存在

最近は、じつにさまざまな名前にでくわす。

かつては、男の子なら「郎」、女の子なら「子」を付けた名前が多かった。それが、歴史的にみると、ほとんど脈絡をもたず一変した。たとえば、女子駅伝や女子バレー（ボール）のメンバー表をみて驚きを禁じえない。「子」が付いた名前が一チームに一人もいないことがめずらしくなくなってきているのである。

日本経済の高度成長期からの現象であることは、いうをまたない。核家族化による都市への集住、銘々の自由主義の拡大などがその背景にある。それは、伝統的な文化の継承を進めるものではなかった。

もちろん、それが悪いというのではない。時代ごとの文化変容も、また認めなくてはならないだろう。ただ、少々不安を覚えることがある。たとえば、あまりにも独創的な名付けについてである。

その名前を、その子は一生背負うのである。以前話題になった「悪魔」君の例をだすまでもなく、この名前のままで歳をとったらどうなるのだろうか、と思うような名前がある。読み方も広範に許容されているとはいえ、とても読みづらいものもある。それでいて、時どきの流行タレント名にあやかる安直な名付け例も多い。他人事ながら、気になる名前をみかけるのである。

字画だの音訓並びだのを占え、というのではない。が、その人物の一生を左右もする名前のことである。そこに吉兆の調べを加えようとするのは、当然の配慮である。もし、若い両親の思いつきに等しい思案で選ぶとしたら、それは不遜《ふそん》なことだ。そこに、その子の一生を思いやる「祈り」や「願い」が投影されてしかるべきである。名前を慎重に選ぶのは、親としてのはじめの義務というものではあるまいか。

かつては、それを年長者に委ねた。曾祖父《そうそふ》とか親族のなかの識者に「名付け親」になってもらうのである。とくに、それまでに生まれた子どもが病弱であったり夭逝《ようせい》したりしたときや、親の厄年に生まれた子どもについては、名付け親をたてるのが常であった。親の責任を回避するのとは違う。のちのちに、その年まわりの悪しき因縁がつきまとわぬよう回避するのである。その名付け親の徳にあやかって、子どもの健やかな成長を願うのである。

そのところでは、経済的に苦しい家庭で育つ子が、「親子盃《さかずき》」をもって仮親と縁を結び、援助を受けるという仮親制度にも類する。もちろん、そうした面倒な人間関係を嫌うのにも、一理がある。子方は、のちのちまで仮親に対しての義理づとめが生じたからにほかならないからだ。

しかし、名付け親に対しては、その義務は軽い。むしろ、名付け親は、その子の誕生や進学、結婚などのときに相応の祝儀を用意しなくてはならない名誉な後見役なのである。

名付け親には、相応の教養が求められるのは、いうまでもないこと。古書に載る名跡にも通じ、その土地や家での出世名にも通じていなくてはならない。そして、ある種の創造力をも発揮しなくてはならないのである。

それは、一族のうちの、あるいは村落のうちのもっとも「大人」が担う役目であった。そうした大人が少なくなったのも、一方での時代の流れというものでもあろう。

## 七歳までは神の子

なぜ、名付け親が必要だったかを、もう一度考えてみよう。

「七歳までは神の子」といった。ひとつには、医療や薬品が未発達であったがゆえに、幼児の死亡率が高かった。その運命を神に委ねるしかないところがあった、といえる。

それゆえに、幼児の神性が尊ばれた。神の加護があるということと、無垢《むく》なることが尊ばれた。それで、幼児が神事にたずさわることにもなったのである。

各地の「まつり」に稚児《ちご》が参加する例が少なくない。たとえば、神輿《みこし》渡御にしたがう稚児行列。よく知られるところでは、京都の賀茂祭（葵祭）の路頭の儀（行列）では、稚児が先頭に立つ。祇園祭の山鉾《やまほこ》には、稚児が乗る。

大阪の野里住吉神社には、「一夜官女祭」がある。少女が一夜だけ神に仕える。巫女《みこ》にも相当するが、それより年少の子どもたち。神のもっとも間近に控える立場である。それを、人身御供《ひとみごくう》ととらえることもできる。住吉神社の一夜官女には、そのいわれが伝わる。

子どもは地域の宝もの、ともいう。「七・五・三」の祝いが行事化して伝わるのも、そのひとつの証しといえよう。

なぜ、七歳・五歳・三歳にかぎるのか。七歳は女児、五歳は男児、三歳は女児（あるいは男女とも）というが、その理由は必ずしも明らかでない。

強いてそれらしき理由を探せば、江戸時代の武家社会では奇数を吉兆の数とした。そして、男女ともに三歳を髪置《かみおき》の祝いとした。また、男子五歳を袴着《はかまぎ》の祝いとし、女子七歳を帯解《おびとき》の祝いとした。その委細は、後述する。

大事なのは、男女ともに七歳の祝いであった。『日本の民俗』（全四七巻）でひろってみても、たとえば以下のような事例がでてくる。

岩手県下では、七歳の祝いをナナツコマイリ（七つ子詣り）といって、氏神の祭日に近郊の氏子で七歳の男女児が精進潔斎して白衣を身につけ参詣する。

南九州一帯では、七歳の祝いをナナトコイワイとかナナトコゾウスイ（雑炊）といって、男女児は正月七日に祝いをした。各自が盆を持って近所七軒を廻り、その家々の雑炊をもらって食べる。そうすることで、運があがるとか病気にならない、とされたのである。

これらは、昭和四〇年前後の聞き取り調査に基づいたものであろうから（刊行が昭和四六〜五〇年）、さかのぼってみると、さらに多くの共通例がでてくるはずである。

極論しよう。七歳までは、いつでも、何度でも子どもの成長を祝い、さらなる健康を祈願する行事を行なってもよろしいのである。それでは面倒だ、ということで、簡略化されたところで七・五・三祝いが残った、ということができる。

かつて、男女ともに七歳を盛大に祝ったのは、いうなれば、神の子を経て人の子として認められる意味をもってのことであった。同時に、七歳の祝いをもって氏子入りとするところも少なくなかった。事実、江戸期の氏子帳（人別帳）には、その事例が多かった。

余談になるが、学校制度も七歳（数え年）をもって小学校入学とする。もちろん、日本で独自の制度ではない。世界にほぼ共通する。心身の成長過程というところで、七歳あたりがひとつの区切り。そのところで「七歳までは神の子」と符合もするのである。

## 名と名付け披露

とくに、子どもが幼児期をいかにつつがなく過ごせるか。親や家族にとっては、切実な大事であった。

そこで、「幼名」をつける慣習も生じた。「忌名《いみな》」ともいった。この場合は、神の子としての名前である。産名《うぶな》というのも同意語に相違あるまい。文献上の確証はむつかしいところがあるが、民俗事例のなかにはそれと共通する事例がある。

たとえば、風邪が流行するときの子ども隠しである。広く流布していたのが、「この家に子どもはおらず」とか「子どもは留守」と書いた紙を戸口に貼りつけることである。抵抗力の弱い子どもの感染を恐れての風邪封じであった。この場合は、子ども不在が忌名に相当する。それで、厄災をかわそうとするのである。

誰が考えたか、現代からすると、おかしなまじないにすぎまい。しかし、医学が及ばないところでは、とくに体力の弱い子どもを守ろうとしてのまじないも行なわざるをえない心情を読みとらなくてはならない。

幼名は、江戸時代、とくに武家や郷士の間での通例となった。元服《げんぷく》（一五歳のころ）までの名前として広まった。

たとえば、水戸《みと》光圀《みつくに》（一六二八〜一七〇〇年）は、幼名を長丸といった。さらに、千代松ともいった。そして、徳亮、光国と年を経るにしたがって名前を変えている。

また、本居宣長《もとおりのりなが》（一七三〇～一八〇一年）は、幼名が富之助である。そして、西郷隆盛《さいごうたかもり》（一八二七～七七年）は、幼名が小吉で、その後、吉之介・善兵衛・吉兵衛・吉之助と順次名前を変えた。

　こうした仮の名は、神の子としての忌名である。ふつう元服で変えるが、七歳を無事に過ぎたところで変える場合もあった。水戸光圀のように幼名が二つあるのは、そのせいである。その後者の名を「通り名」ともいった。通称のことである。

　こうした時代の通過儀礼のなかで、名付け親の存在もまた大きかったのである。そのときの名付け親は、ある種の呪術者ともいえる。身を清め神仏を崇めて名前を選んだ、という話が各地に伝わる。

　ふつう、名付け親は、複数の名前を提示する。その中から親が選んで、最終決定をする。名前が決まると、名付けの披露がある。現代にも通じるのは、幼名ではなくて「産名《うぶな》」である。これで生涯を通すという意味での披露である。

　時代や地方によって異なるが、近年まで広く行なわれていたのは、その名前を短冊形の紙に書くことである。それを、産名札、あるいは産札《うぶふだ》といった。まずは、その家の床の間や神棚に貼る。仏壇に貼った家もあった。

　赤飯に産名札を添えて近所や縁者に配る。あるいは、蒲鉾《かまぼこ》や焼魚にそれを添えて配る。これも、広く行なわれていた。

名付け披露を受けた家では、産名札を神棚のある部屋の柱や鴨居に貼っていたものである。何枚もが貼ってあったものである。それだけ産名が尊かった、ということになる。名刺を渡すのと挨拶というところでは同義だが、その扱いが違った。それをもらった家でも、そうして披露したのだ。しかし、近年、産名札が貼られた光景がみられなくなった。住宅が近代的に建てかえられたからでもあろうが、名付け披露を行なわなくなったから、とみるべきだろう。

重ねていうが、伝統文化の変化・変容をいたずらに嘆いてのことではない。ただ、そうしたしきたりは、それなりの意味をもって伝えられてきたのだ。ということを、認めなくてはなるまい。子は、家の宝であると同時に、その地域の宝という共通の認識が潜在してのしきたりだったのである。

**初宮、氏子入りと産子入り**

生後、はじめて氏神に参るのを、「初宮」、あるいは「初宮参り」という。赤子《せきし》を白い着物で包み、神社に参る。現代では、地元の氏神神社にかぎってのことではないが、おなじみの光景である。

幼児の健全な成長を願っての通過儀礼は、さかのぼって確かめると、じつに数多い。なかでも「七・五・三」祝いとこの初宮が現代に伝わる代表的な行事、といえるだろう。

初宮を氏子入りの儀礼、とする。現在では、それが通念化している。むろん、間違いではない。が、一村一鎮守が定まり、氏子制度が敷かれたのは江戸も元禄（一六八八～一七〇四年）のころであるから、これは、それ以降の習慣といわなくてはならない。

ちなみに、氏子制度は、幕藩体制下における戸籍制度でもあった。檀家制度もそのころでてくるが、同じ宗派の檀家で一村をなす例はまれで、そのところで戸籍管理に適しているとはいいがたい。したがって、幕藩は一村一鎮守を制度化、氏子帳をもって戸籍管理したのである。

そのところでの初宮は、戸籍登録にも等しい。その子が地域社会で公的に認知されることなのである。

氏神は、幕藩体制下での村の鎮守である。わかりやすくいえば、現在の大字《おおあざ》単位に相当する村の「社縁神」である。

一方に、それより古くから、中世系のムラ（現在の小字《こあざ》単位に相当のムラ）での産土神《うぶすながみ》がある。たとえば、共同開墾を行なったムラの「地縁神」である。そこでの初宮もあっただろう、としなくてはならない。この場合は、産子《うぶこ》入りの儀礼となる。

ただ、明治初年の神社合祀が進むなかで、産神が氏神の下《もと》に合祀された事例が全国的には多い。したがって、以後、初宮は氏神参りであり氏子入りの儀礼である、という通念が顕《あらわ》になったのである。

産土神への産子入りの初宮は、現在では稀少例となっている。が、それを伝えているところもある。たとえば、備中（岡山県）、備後（広島県）の農山村では、産土信仰がまだ色濃く伝わっている。ここでの産土神は、荒神《こうじん》である。ほぼ小字単位で祀る。もちろん、ほぼ大字単位で祀る氏神も共存する。

産土荒神の祭礼は、霜月（旧暦一一月）に集中する（その前月で、氏神の祭礼は終わっている）。例年は、小規模なもので、ほぼ半日の行事であり、神楽を演じたりはしない。

ところが、七年に一度、あるいは一三年に一度は式年祭をとり行なう。「臍《へそ》の緒《お》荒神」と別称もされるように、各家で親族や近親者を招いて祝う。そして、当番（頭屋）の家の田か庭に神殿《こうどの》（神棚と神楽の舞殿が併設されたもの）を仮設、産土荒神を勧請し、夜を徹して神楽を奉納する。

このとき、神前に式年俵《しきんだわら》が供わる。米一升二合が入った藁製の小さな俵であるが、白い布袋で俵の代用とすることもある。該当する家々が、前の式年祭から今回までの六年間に生まれた子どもの干支《えと》と名前を書き添えて供えるのだ。そして、それにもとづいて、神主が祈禱を行なう。

つまり、産子入りの儀礼（初宮）ということになる。こうした式年制の初宮もあるのだ。もっとも、近年は過疎化にともなう少子高齢社会が進み、こうしたしきたりも後退する傾向にある。

## 初宮の諸相

初宮の、その日取りについては、必ずしも一致しない。

西日本各地では、「百日参《ももか》り」といって、生後一〇〇日前後の吉日を選んで行なう例が広く共通するが、ところによっては七五日を重視するところもある。むしろ、七五日により意味があろうと思える。もっとも古く、妊産婦が産屋《うぶや》に忌籠《いみごも》って出産していた、ということを前述もした。その産屋における忌《いみ》明けを七五日に定めているところが多かったからである。

関東地方などでは、三三日をとるところもある。これは、産屋が後退して自宅の納戸《なんど》での出産が一般化するなかで、忌明けが三一、三二日（男児）とか、三二、三三日（女児）に縮まったことと関連するだろう。いずれにしても、忌明け後の宮参りが正統なのだ。ただ、忌明けの日が地方によって違うため、初宮の日もまちまちで定まらないのである。

なのに、最近では、やたら三一日とか三三日とかを主張するむきがある。とくに、東京を中心に生後一ヵ月後の奇数日が初宮によい、とするのだ。が、その根拠はまったく薄い。そもそも、奇数を重んじるのは、武家社会で広まった慣行というものであった。それまでは、たとえば陰陽道における名数は、陰陽一対の偶数が基調であり、それは卜占《ぼくせん》などにも応用されていた。それが、なぜ武家社会で奇数が名数に選ばれたか。その根拠が薄いまま、民間でも奇数を名数とすることが伝えられてきたのである。

何もかも奇数に結びつけるのはいかがなものか。それに、赤子（新生児）の体調も考慮しなくてはならない。自動車での宮参りは、ごくごく新しいのである。

そのところでは、百日参りに合理があろう。一〇〇日も経てば、赤子の首もすわるし、目も見えてくる。雑菌感染への抵抗力もでてくるだろう。相応の距離を歩いての宮参り、ということでは、この日数の方が妥当だった、といえるのである。

出産の忌明けと赤子の体調、そのあたりを考慮しての初宮でなくてはなるまい。日取りの基準は、まずは単純に、そこにあったに相違あるまい。

出産についての忌は、子よりも母の方が長い、という伝承もある。不浄による穢《けが》れが無垢《むく》な子どもの方が早く清まる、とするのも道理ではある。

そこで、初宮は、祖母なり近親の女性が赤子を抱いて参るのが習慣化もしたのだ。地方によっては、母親は鳥居の外で待つ習わしもあったのである。

初宮を行なう赤子の額に、男児なら鍋炭で、女児なら紅で、「犬」とか「×」を記す例も伝わる。長野県下では、クライボシといって両眉の上に点をつける事例がある。これらは、抵抗力の弱い幼児に参拝の道中で邪気悪霊がとりつかないようにとのまじないである。それが、変化したところで、化粧をほどこすことにもなった、とみるのも妥当であろう。

社前で、わざとつねったり鼻をつまんだりして赤子を泣かす事例もみられる。これは、氏神に泣き声を届けて赤子の存在を示し、認知してもらおうとする心意に相違ない。神前で鈴を鳴らし、柏手をすることと対比してみるとわかりやすいはずである。

なお、初宮の帰途で餅や菓子などを行き交う人たちに少しずつ振舞うところもある。初宮は、村人たちに赤子を認知してもらうよい機会でもあったのである。

### 食初めと歯固め

初宮を行なうと、神社から箸を授かる例が一般的である。

これは、初宮をすませてのち、「食初め《くいぞめ》」儀礼を行なう例があるからである。もっとも、食初めも、全国で一様ではない。七夜に行なったり、三三日、七五日に行なう例もある。とくに、百日《ももか》参りを通例としてきた西日本の各地では、その日に食初めを行なってきた。

食初めは、赤子をはじめて本膳（一汁三菜＝五器一膳が基本）につかせ、赤飯を一粒、菜を少し箸の先につけて口元へ運び、食べさせるまねをするというもの。はじめて箸をつかうことから、「箸初め《はしぞ》」「箸揃え《はしぞろ》」などともいわれる。

膳につくときの赤子の抱き方は地方によって異なるが、男児は左の膝の上に、女児は右膝の上に乗せて抱くというかたちが広くみられる。長寿にあやかるようにと、抱き役は年長者に頼むことが多い。

食初めの膳には、赤飯が欠かせない。赤飯は赤子の枕につかわれた小豆で炊くという慣習がかなり広く共通する。が、古くは、赤飯よりも餅を搗いて祝った、ともいう。これは、とくに餅の呪力を信じてのことであっただろう。

魚は尾頭《おかしら》付きの焼きものでは、「子どもの頭がかたくなるように」という伝承から、カナガシラやイシモチ、タイなどが用意された。

こうした本膳を用意しての祝いは、武家社会からの流れとする。が、塗りもの五器をもっての本膳の全国的な普及は、鉄道が発達した近代以降のこと、とみなくてはならない。

武家社会での食初めも、本膳にこだわったものではなかった。武家故実・礼法家として知られる伊勢貞丈（一七一七〜八四年）が著した雑記（のちに門弟が『貞丈雑記』として編じる。刊行は天保一四〔一八四三〕年）には、「喰初の祝」として次のような記述がある。

此時に能く立つ市場にて（定市の事なり）餅五つ買取、五度土器に盛出す。又、足打に親子草（鼠麴草《ははこぐさ》の事なり）かい敷にしても盛也。是を歯固の餅とも申す也。白餅にも又は小豆餅にもする也。

ここでは、「歯固め」の祝いと重なる。餅を重用するのは、その意が強い。

民間の伝承では、餅の代わりに石を用いる事例もある。たとえば、膳の上に川原などから拾ってきた小石を置くところが少なくないのだ。これを「歯固めの石」ともいう。志摩地方

（三重県）などでは、その石に名前を書いて氏神神社に納める習慣も伝わっていた。

「歯固め」は、また別な行事だ、とするところもある。赤子の歯が出そろったころの吉日に餅を搗《つ》き、その餅がかたまったところで箸で食べるまねをさせる。あるいは、漁村ではアワビやトコブシなどのかたい貝類を食べるまねをさせる、などの事例もある。モモカ（百日）ともなると、歯が出ないまでもそろそろ歯茎がかたくなってくるころでもあり、初宮と食初めが習合されることにもなったのであろう。

現在《いま》、こうした食初めや歯固めを行なうところは、ほとんどあるまい。まじないである、といえばそれまでだ。いずれも、医学的な根拠は乏しい。が、生まれたばかりの子どもの無事を祈念する親や家族の心情は、古今東西に共通するものではあるまいか。

## （三）七・五・三

### 江戸という都市の仕様

子どもの通過儀礼として、現在もっとも一般的に伝わっているのが「七・五・三」の祝いであろう。

一一月一五日になると、宮参りをした子どもたちが千歳飴《ちとせあめ》の袋を手に記念写真に写る光景が、ほぼ全国的にみられる。いかにも日本の伝統的な行事風景であるとして、それがテレビでも放映される。それに、けちをつけようというのではない。が、それが伝統的な行事かどうかについては、一考を要するのである。

少なくとも、地方の村里での伝統性はきわめて薄い、といわざるをえないのだ。後期高齢者世代のそこで育った人たちは、その体験が乏しいはずである。第二次大戦後の混乱や貧困のなかで、それどころではなかった、という人もいるだろうが、そうでもない。もともと、七・五・三を祝う習慣がなかったのだ。一方、東京に代表される都市においては、その祝いがすでに定着していた。同じ世代でも、大都市に根生いの人たちには、それを体験した人が多いはずである。

大都市と農山漁村では、祭礼行事のあり方に違いがあった。たとえば、大都市においての疫災は、火事であり伝染病であった。農山漁村での疫災は、凶作であり不漁であった。したがって、祭礼行事での祈願のおもむきに違いがでてくるのは、当然のことだった。もちろん、家内安全とか家運隆盛などの願目は共通のものだが、疫災除けに大きな違いがあった。

大ざっぱにいうと、大都市での最大の祭礼は、夏まつり。対して、農山村でのそれは、春まつりと秋まつり（漁村部は、一定しない）。それぐらいの大きな違いがある。

とくに、大都市では、時折の流行神を生んだ。たとえば、江戸の町で屋敷神としての稲荷《いなり》信仰や正月神としての七福神信仰など。それが、江戸っ子たちの間で流行《はや》った大きな理由は、伝統性が希薄だったからである。

江戸は、二百数十藩の国々から人が集まって形成された町である。現代風にいうと、大国際都市。それぞれの国の言葉訛りも違うし、風俗習慣も違う。これを、ひとつに均すことはできない。とくに、信仰行事をどこかの地方の伝統に基づいて統一することなど、とてもできることではない。そこで、流行神や新行事がもてはやされることにもなったのである。

そのところで、江戸は「創造都市」であった。

それに、江戸は、一大消費都市であった。行事のときの衣装にも飲食にも贅《ぜい》を尽くすことも、一部の階層からにしろ派生してくる。そして、それがやがて江戸っ子たちの見栄《みえ》にもなった。

それと、もうひとつ、江戸にかぎっていうと、武家社会での儀礼や行事がいちはやく町人社会に伝播することになった。かといって、上意下達ではない。江戸っ子たちが、とりいれやすいところをとりいれたのである。たとえば、武家社会に出入りする商人たちは、武家社会でのその情報を商品をもって市中に広めていったのである。

七・五・三行事でいうと、晴着の類である。はじめは、金満家の町人たちの虚栄心を充足させるものであった。武家社会に倣う、その見栄をはることにはじまった。

明治三八（一九〇五）年の編であるが、『絵本江戸風俗往来』（菊池貴一郎著）には、「この祝はまずもって愛児の衣類、武家は子供指しの双刀《ふたこし》を始め（後略）」、とある。また、「町家に至りては男子女子と優美をつくしたる衣類を着飾り（後略）」、とある。大ざっぱにいうと、江戸中期の江戸、七・五・三祝いは、町人社会で流行をみたのである。

その江戸の流行が、地方の国々に伝播をみる例もある。節供の雛飾りや鯉のぼりなど。しかし、日本列島の津々浦々にまでの伝播となると、なお時代を経てのことであった。

## 武家社会での髪置・袴着・帯解

七・五・三祝いは、武家社会からはじまった。それは、どのように厳格な行事であったのか。

武家社会では、三歳の男児に髪置《かみおき》という儀式があった。髪上《かみあげ》、ともいった。

まず、小笠原家と並んで故実・礼法家であった伊勢家の伊勢貞丈の『貞丈雑記』を参考に、そのしだいを要約してみよう。

まず、髪置。菅糸《すげいと》で作ったしらが（頭髪もどき）を小児の頭にかぶせ、櫛で左右のびんを三かきずつかく真似をする。つまり、おかっぱ頭から髷結《まげゆい》への切りかえを祝うのであるが、これは民衆社会には伝わっていない。なお、本来は男児の儀礼であったが、女児も行なったという記事もある。

袴着は、男児五歳のときの祝いである。碁盤《ごばん》や広蓋の上で袴を着ける、とあるのは、人前でも要領よくという作法を教えるためか。袴だけでなく、同時に直垂《ひたたれ》（礼服）を着けることも行なわれていた、ともいう。

帯解《おびとき》は、帯直《おびなおし》ともいう。女児七歳で行なうことに意味があった。付紐《つけひも》を取り除き縫帯《ぬいおび》を結わえる、女児から女人への移行を意味した。被衣《かつぎ》（頭にかぶる薄衣《うすぎぬ》）初めという言葉もあるから、中世にさかのぼっても通じる儀礼かもしれない。江戸の町からやがて全国各地に伝播した七・五・三の祝いは、これをはじめとする、といってよい。晴着を広めるにも、これがふさわしい。そして、男児もここに参加するようになったのであろう。

なお、こうした三種の祝いは、『貞丈雑記』などによると、必ずしも一一月一五日にかぎってのことではない。一一月一〇日とか二一日、二五日とかさまざまであり、当時は一一月の吉日というほどの認識であったのだろう。

のちに、諸説がでる。そして、定説化もする。三歳と五歳は男児、三歳と七歳は女児。そして、一一月一五日を吉日とする、など。それは、武家社会の通過儀礼から、町人社会の通過儀礼へと移りかわるときの江戸仕様の「ものがたり化」であった、とみるのが妥当ではあるまいか。

袴着は娘の子にも袴かな（其角）

**もっとも伝統的なのは「七つ子参り」**

ムラ社会でも、「七・五・三」に相当する通過儀礼があった。

戦前、あるいは戦後あたりまでの事例を民俗（学）事典の類からひろってみると、ハカマギの祝いやオビムスビ・オビトキ・ヒモトキなどの祝いが各地ででてくる。そのところでは武家社会の形式を倣《なら》ったものであろう、とはすでに述べたところだ。しかし、必ずしも五歳と七歳にかぎったことではない。兵庫県下や熊本県下では、四歳をもって晴着を着て宮参りをする、という事例も報告されている。地方の民俗は、ところどころでさまざま、といわざるをえないところがある。

もっとも大事なのは、男女ともに七歳の祝いであったとは、すでに述べたところだ。かつて、「七歳までは神の子」といった。男女ともに七歳を盛大に祝ったのは、いうなればカミの子を経てヒトの子として認められる意味をもってのことであった。

以下、余談である。

さらに大事なのは、そのあとであった。

かつては、そこから「しつけ」がはじまったのだ。カミの子からヒトの子になったがゆえのしつけである。とくに、七歳から一〇歳ぐらいまでの間に、家系の歴史や神仏の拝み方を教わったものである。それは、健在であるかぎり祖父母の役目で、とくに長男に対しては厳重であった。

あらたまっての教育をうけるのではない。日々の生活のなかで、しつけられるのだ。それによって、代々の庇護を得ているという安心をもってムラ社会のなかで安全に過ごすことができる、と期待されたのである。端的にいうと、「ご先祖さまに顔向けができないことはするな」「遠い親戚よりも近くの他人を大事にせよ」といった類の平穏を是としたしつけであった。そのことは、たとえば宮本常一の「家郷の訓」（『宮本常一著作集』第六巻に所収）にも詳しい。その「訓《おしえ》」が、現代には、ほとんど伝承されていない。

昭和三〇年代後半あたりからの経済の高度成長期。向都離村、核家族化、高学歴化などによって、急速な変化が生じた。おそらく、日本の歴史上、物質面のみならず精神面も含めて、これほど大きな変化変容はなかったであろう。そのなかに、一律に着飾っての七・五・三での宮参りの全国的な普及があり、七歳過ぎてからのしつけの全国的な後退があった。

ここでも、良し悪しを論じようというのではない。だが、いじめや登校拒否、ゲーム依存症や情緒不安定など子どもの成長環境が社会問題ともなっている現在、そのつど、「安心と安全」が唱えられもする。私たちが「古きこと」といちどは捨てさったことのなかに、不断の原則のようなものがあったのではあるまいか、と思えてならないのである。

## （四）若者組と娘組

### 「一人前」という基準

武家社会においては、元服式《げんぷくしき》があった。

一五歳前後にそれを行なうのが通例であった。成人儀礼であり、それによって一人前になるとした。

それを烏帽子《えぼし》祝いともいったのは、さらに古く、烏帽子を冠してつとめる公家社会での基準を踏襲してのことであろう。

それは、民間社会にも伝わり、一五歳のころをもっての成人儀礼が生じた。ただ、地方によって行事日やその内容が違っていて統一されたものではなかった。

たとえば、京都を中心には、ヨボシギという祝いがあった。烏帽子が訛《なま》ったヨボシであろうが、実際に烏帽子を冠する行事であった。また、中国地方から北九州にかけては、ヘコイワイとかフンドシイワイというところが多かった。ヘコ（帯）とかフンドシ（褌）を締めることになったからであろう。

全国的にみると、若者組に加入するのが同時に成人として認知される。そうした事例が多かった。それについては、後述する。

現在《いま》は、成人式である。満二〇歳の成人式が隅々まで認知されているが、これは、昭和二三（一九四八）年の「国民の祝日に関する法律」の制定にともなってのことである。歴史上では、新しい基準といわなくてはならない。

戦前（第二次大戦前）までは、徴兵検査が成人儀礼にあたる。日本の徴兵制は、フランスの制度を範とした、とされる。明治六（一八七三）年にはじまり、昭和二〇（一九四五）年の終戦まで続いた。その徴兵適齢が満二〇歳とされたのである。

徴兵検査、それに続く軍事訓練は、国民に共通の礼儀や言葉づかいを広めることになった。それまでの幕藩体制は、二百数十の国（藩）が分散してそれぞれのしきたりにしたがっていた。身分や作法を厳しく管理、維持したのは、武家社会にかぎったことであったといってよい。それが、明治の政府による皇国史観や軍国教育によって、全国が一律に作動するようになったのである。

学校教育もそうであった。

日本で小学校教育が本格化するのは、明治一〇年代である。明治一四（一八八一）年に「小学校教則綱領」（文部省達）が定まった。注目すべきは、そのなかに「修身」がとり入れられていることである。翌年には、『小学諸礼式』（近藤瓶城《へいじょう》編、原題では「学」と「礼」が旧字）が出版されている。それで、「おじぎ」が日本人共有の礼儀作法として広まった、といってもよかろう。

なお、各家では、家訓に準ずるしきたりがなお守られてもいた。各地の地縁社会では、さまざまなしきたりを伝えてもいた。そのことも事実である。しかし、明治という時代には、旧慣で後退するものも多かった。若者組や娘組もそうであった。

そこに、学校教育と軍隊教育がはたした影響が大きかった。それは、全国的に及ぶものであった。

## 年齢階梯制のなかでの若者組

かつて、若者組という集団が、ほぼ全国的に存在していた。村落単位に全員が参加するのが通例であった。

若者組は、ところによっては若衆組・若連中・若勢《わかぜ》などとも呼ばれ、だいたい一五歳前後から二五歳前後の青年層が属する。一五歳は、かつての武家社会における元服に相当し、民衆社会でも事実上の成人式を行なう年齢であった。脱退の時期は必ずしも一定ではなく、結婚によって脱退というのが一般的だったが、三〇歳になってもまだ若者組にとどまる例もみられた。

若者組は、子供組・娘組・中老組・年寄組などと相関する年齢階梯制のなかにあった。年齢階梯は、ただ年齢を区分するだけでなく、地域社会における公的な役割（労働）分担を示すものである。年齢階梯制のもとに、祭礼や葬儀などでの共同作業が円滑におこなわれたのである。

若者組は、主として集落の警備や救護を担当した。あるいは、神輿かつぎや盆踊りの取り仕切りなどを担当した。葬送に際して、墓の穴掘りなどの作業を受けもつところもあった。また、若者組が婚姻に関与する例も広くみられた。

若者組は、若者宿をもつ例が多かった。そこに全員か、あるいは数人ずつに分かれて合宿する、その定められたヤド（宿）のことである。若衆宿とか寝宿とも呼ばれた。ヤドは、独立した建物をもっている例もあるが、多くは民家の一室や別棟（離れや納屋）を借りていた。もちろん、民家を借りる場合は分宿を余儀なくされるわけで、大きな集落では一〇以上ものヤドが存在した。

若者宿の機能は、ひとつには集団訓練と社会教育にあった。その指導者は、若者頭《わかものがしら》であることもあるし、ヤドオヤ（宿を提供した家の主人）であることもあった。概して若者宿が漁村に多く認められるのは、漁業においては組織的な作業があり、それが生死に関連する作業でもあるため、厳しい訓練が必要だったからでもある。

その訓練もさまざまであった。『民俗学辞典』（柳田國男監修）をみると、以下のような事例があった（筆者、要約）。

若者組入りした青年には、一定面積の田を耕かせる（秋田県下）

新加入者は、三角のマキ（薪）の上に坐らされ、状目を聞かされる（静岡県下）

大峰山周辺の村々では、一五歳になった男子を先達が連れて大峰山に登り、断崖の上で、先達が足を押えて半身をのり出させる。そのとき、人としての道義を誓わせる（奈良県下）。同様の例が、白山・立山・石鎚山など各地の霊山周辺の村々でもみられる

「絞殺す」などといって、首を絞めて一時気絶させる（長崎県下）

暴力的、という批判もあろうが、いずれも、地縁社会の要員としての覚悟を示させるものであった。

かつての閉鎖的でもあった村落社会では、似合いの男女の仲をとりもつのも若者組の役割のひとつであった。夜這いも、そこで適当と認められた男女の確認儀礼とみることができる。遊戯的な夜這いもあったが、半ば公認の夜這いもあったのだ。そこで既成事実がつくられると、若者頭が親元に談判に行く。親が難色を示すと、若者組でいやがらせもする。結局、親が従うのは、火事や急病などのとき若者組の出夫がなければ収まらなかったからである。そうした戦前（第二次世界大戦前）までの事例を、私は、昭和四〇年代に山口県下で聞き確かめることができた。

戦後は、ほとんどみられなくなったが、たとえば三重県の答志島《とうし》での若者宿のように、昭和の時代いっぱいは機能していた希少例もある。いまとなると、民俗文化財指定の対象にもなっただろう、と惜しまれるのである。

## 世間を知るための娘組

若者組への加入の多くが一定年齢に達したことをもってなされるのに対し、娘組へは女児の生理的変化、すなわち、初潮のころをもって加入資格とするところが多かった。

しかし、娘組入りの儀式や娘宿での教育は、若者宿でのそれほど厳しくはなかった。若者組が自警消防や祭礼参加などの実務的存在としてムラ社会内で果たす機能をもっているのに比べ、娘組は、ムラ社会のなかで組織的に活動する必要がなかったからである。したがって、娘組の機能は、結婚までの一時期、嫁入り前の娘としての振舞いや作法を習得することを主としていた。そこでは、年齢的な成長よりも、子を産める一人前の女であるか否かの方が重視された、とみてよかろう。

また、結婚前に、一度は郷里を離れて巡礼に出ることもあった。そこでは、初老の経験者が引率して日々の教育をすることの意味が大きかった。

若者宿と同様、娘仲間で宿をもつこともあった。そこでも、年上の娘から裁縫を習ったり、ヤドオヤの畑を手伝ったりするなかで、嫁入り前のたしなみを覚えていったのである。

娘宿には、時々に若者が遊びに来たことが知られている。そうしたなかで、結婚相手をみつけること、その選び方などを娘仲間同士で学んでいく。どのような結婚相手を選ぶかは、娘にとってその後の生活を左右するきわめて重要なことであり、家庭教育からだけでは学べない社会生活上の知恵を、同齢の娘仲間や若者たちとのつきあいを通して学ぶ。それは、貴重な経験だったのである。村落社会は、封建的にして閉鎖的である、という印象もあろう。そうでもあったが、こうした「風通し」もあった。それが、後の青年団活動にもつながってゆく、とみることもできるであろう。

こうした娘組の習俗は、若者組以上にたどりにくくなっている。以上の概略も、『民俗学辞典』（柳田國男監修）と『人生儀礼事典』（倉石あつ子他編）を参考にしたことを付記しておく。

## （五）祝言と三三九度

**神前結婚式のしだい**

各地に「神婚譚《しんこんたん》」が伝わる。

もっとも、日本にかぎったことではない。神と女性が結婚をなし、女性が受胎する。その種の処女受胎譚は、原初的な民族社会にほぼ共通する、としてよかろう（『文化人類学事典』の類による）。

日本でもっとも古いかたちの神婚譚は、賀茂（京都）と三輪（奈良）に伝わるそれである。いずれも、女性は、玉依姫《たまよりひめ》と相なる。

賀茂の古伝では、姫が小川の岸で遊んでいるとき、丹《に》塗りの矢が流れ下ってきた。これを拾って床辺に挿しておいたら、やがて男児を孕《はら》むことになった。この場合の矢は、男神の依《より》代《しろ》にほかならない。三輪の古伝でも丹塗りの矢がでてくるのは同じだが、別に蛇の姿で現れたという話も伝わる。矢であれ蛇であれ、下世話に転じれば男根の象徴ともなる。柳田國男も「玉依姫考」（『妹の力』に所収）で論考をしているところである。

人間同士の婚姻でも、そこに神の霊力がはたらいた、とする。祝詞《のりと》文でいう「神惟《かむながら》なる妹《いも》背《せ》の契《ちぎ》り」。それは、『古事記』に載る伊邪那岐命《いざなぎのみこと》と伊邪那美命《いざなみのみこと》との「御柱《みはしら》を廻っての契り」の故事を引いてのことである。

古く、男女の婚姻は、神事に相当する神秘の儀式とされた。二人だけで契るわけにはゆかなかったのである。

それゆえに、神前で結婚式をあげる。と、短絡的に結びつけるわけにはいかない。

神前結婚式は、じつは古くから行なわれていたものではないのだ。

明治末期からのちのこと、としなくてはならない。のちの大正天皇、当時の皇太子が明治三三（一九〇〇）年にご成婚。このときより、一般人も日比谷大神宮の神前で結婚式が行なわれるようになった。それは、かならずしも皇室のしきたりにしたがうものではなかった。国家神道を国是とする明治政府が主導してのことで、国威高揚のための演出というものであった。

むろん、明治の官僚には彼らなりの近代国家の設計というものがあっただろう。が、神仏判然令（明治元〈一八六八〉年）をもって神道の国教化をはかったことについては、西欧におけるキリスト教国家群への過剰な意識がはたらいてのこと、としなくてはならない。そうした時代の流れのなかで、皇太子成婚にならっての神前結婚式が流行し、定着するようになるのである。

もちろん、ここで神前結婚式の是非を問うものではない。ただ、一般に伝統的な儀礼と思われているだろうそれが、歴史的には新しくつくられたものであるということを確認しておきたかったのだ。

また、神前結婚式の歴史が浅いからといって、それ以前に婚姻儀礼がなかったわけではない。むろん、結婚がなされる以上、そこに誓詞なり披露なり、何らかの儀式がともなう。そのことは、世界の民族にほぼ共通する。結婚は、当人同士のことではすまないのだ。社会的な通過儀礼、というものなのである。

かつて、婚姻の諸儀礼は、嫁方か婿方かどちらかの家で行なわれた。そして、そこで盃事も行なわれていた。それを、「祝言」とか「結び盃」とかいった。

それは、地方によってさまざま異なる形式を発達させていた。ということは、古くさかのぼってみると、それぞれに自然的な発生と文化的な発展をした結果であろう。それが一度に均《なら》されたのが、神前結婚式であったのだ。

念のため、神前結婚式における「夫婦固めの盃」の作法をみておこう。一般的には、以下のとおりである。

新郎新婦の前の案（机）の上に三方が二台。一の三方には、白磁の平盃（カワラケ）が三つ。二の三方には、懐紙に肴三品が二組。巫女がそれぞれに雄銚・雌銚を持って新郎新婦の前に立ち、まず新郎が両手で持った一の盃に雄銚で神酒を注ぐ。それを新郎が三口で飲み干し、盃を三方に戻す。次に、新婦がその盃を両手で持ち、巫女が雌銚で酒を注ぐ。新婦がそれを三口で飲み干し、盃を三方に戻す。

二の盃は、新婦から新郎の順（注酒も雌銚↓雄銚）。三の盃は一の盃と同様に新郎から新婦の順（雄銚↓雌銚の順）。いずれも飲酒の作法は同じである。

三つの盃を相互に三口ずつで飲み干す。それゆえに「三三九度」（三盃×三口）というのである。

ちなみに、盃をどちらが先に受けるかは、必ずしも一定ではない。一の盃を新婦から新郎に渡す例もある。小笠原流の作法がそうである。一方、伊勢流の作法を説く『貞丈雑記』では、「男盃」が先（女盃が後）の立場をとる。すでに、江戸時代から論争がくりかえされているのだ。それが、明治以降の神前結婚式で統一されたのである。

たしかに婚礼のひとつの祖型として、婚姻成立の祝いを先に嫁方の家であげ、その後しばらくは婿がそこに通う習俗があった。古く『源氏物語』でも、光源氏が嫁方の左大臣の家に入り婚礼を行なった、という記述がある。

これを、「婿入婚」とか「通い婚」といったが、この呼称は、じつにまぎらわしい。養子入りとは違うのだ。それに、民俗例での伝承をみると、そのときの祝いは、婚約祝いというべきもので、本祝いは何年かのちに、多くは子どもが生まれたのを契機に、嫁が生活の拠点を婿方の家に移すときに行なう事例が多い。実質は、「嫁入婚」である場合がほとんどなのである。

## 各地でさまざまな祝言

昭和の前期ごろまでは、まだ各地で土着的な婚姻儀礼を残していた。神前結婚式以前の形式がみられた。

類型化するのがむつかしいほどに、さまざまなかたちがある。が、「固め」の盃事は、ある時代からほぼ共有の儀式となった。それを、三三九度とはいわず、「女夫盃《みょうと》」（夫婦盃）といったところが多かった。

それは、大別して座敷で行なう場合と別室で行なう場合になる。

座敷で行なうというのは、両親や親族が揃った人前でそれを披露することである。その際は、少年と少女を酌人にたてる。盃事とは、酒をもって固めること。キメザケとかカタメザケというがごとくに、である。その神聖な酒を注ぐのは、穢《けが》れなき身分の者でなくてはならない。大人であれば、しかるべき立場にある者が潔斎をしたのちにそれを行なう。一般には、無垢な童子、童女が行なうことが通例化した。

また、そこで、ほぼ共通するのは、仲人か一族の長老が謡《うたい》をはさむことである。謡曲「高砂」がよく知られる。ただ、「高砂」は、中世の作ではあるが、当初から祝言に用いられていた、とは考えにくい。まず、謡の習得が尊ばれた中世末ごろ、武家社会の祝言にとりいれられたのではあるまいか。

一方、その盃事を別室で行なう例も少なくなかった。神聖な秘めごと、という意味では、こちらの方が古式といえるだろう。

仲人に相当する一族の長老が盃事のいわれや夫婦のあり方を語りながらとりしきる。自らが酌人も兼ねるのである。立会人はいない場合もあるが、『日本の民俗』（全四七巻）などに載る各地の事例をみると、新郎方の母親が同席する例が多かった。嫁姑の関係こそ重要、ということを示しているのかもしれない。

## 盃事という契約儀礼

「盃事」とは、いいかえれば「酒礼」であり「礼講」である。酒をもっての祝賀儀礼にほかならない。これをすませてから、宴席に移る。つまり、無礼講となる。あくまでも、礼講があって無礼講が続くのである。

「女夫盃」のほかにも「親子盃」「兄弟盃」、さらには「襲名《しゅうめい》盃」「仲直り盃」など。現代は、死語になりつつあるが、かつての宴席の前段には、そうした盃事が行なわれていたのだ。神社の社頭儀礼であるところの「直会《なおらい》」もその形式である。

座礼での「式三献」が原型となる。

式三献とは、「一酒一肴」を三度重ねること。一酒を三口で飲む。そして、肴を一箸つまむ。それを三度くりかえすから「三三九度」となるとは、先述もした。

これは、神に供えた神聖なる酒をこぼさないよう丁重に飲み干すことで、またそれを、肴で口をあらため、三度も念をいれてくりかえすことで、互いにある約束を成したとするのである。「神人共食」の儀礼にほかならない。神と人、あるいは人と人の間でとりかわされる「契約儀礼」ということもできる。

さても、盃事とは面倒なものか。ということなかれ。江戸の当時から、一般には相応に簡略化もすすんでいた。

たとえば、『貞丈雑記』にいう。

一こん二こんと云うを、一盃二盃の事と心得たる人、あやまり也。何にても吸物肴などを出して、盃を出すは一こん也。次に又吸物にても肴にても出して、盃を出す是二こん也、何こんも如此也。一こん終れば、其の度ごとに銚子を入れて、一献毎に銚子をあらためて出す也、何こんも此の通り也

つまり、式三献とは、必ずしも盃の数を三つ合わせる必要もない。盃はひとつでよい。酒を三口で飲み、肴を嚙む。そして、盃を相手に渡す。相手も同様の作法で酒を飲み、肴を嚙

む。そして、盃を相手に返す。これを三度くりかえせば、それで式三献になるのだ。

中世においての武家社会の儀礼で、式三献が定型化した。文政一二（一八二九）年の「松の落ち葉」（『古事類苑　飲食部』に所収）では、次のようにいう。


ひと杯の酒のむを一度といひ、三度のむを一献といひき、なみゐたる座にてさかづきを一たびめぐらしのむをば一巡といへり、さてものゝ儀式に、うるはしくのむは三度と三献にぞありける

三三九度の原理もそこにある。

ただ、その式三献も、時代を経て民間の行事にまで広まるにつれ変化が生じる。とくに、特権社会での儀礼習慣が民間に伝播するときは、往々にして簡略化と遊戯化をともなうものである。今日の結婚式の盃事でも、三献の形式を伝えるものの膳（三方）をひとつにして盃を三つ重ね、肴も三品同時に添えている。また、神事での盃事では、一般的には「一献」でとどめているのである。

むしろアウトロー社会での盃事の方に、より正統な形式を伝えているともいえる。つまり、テキヤやヤクザの世界での襲名盃や親子盃などのことで、その作法はともかくとして、双方がその盃を大事に持ち帰る一事をもってもその厳正なる精神を伝えている、といえるの

である。

近年、結婚式も人前結婚とかいって、儀礼を疎《うと》む傾向が生じている。盃事も省略して、「乾杯」の発声ではじまる。それも時代の流れとして認めなくてはならないが、伝統的な日本文化ともいえる盃事をないがしろにしたまま、その伝承をアウトロー社会にだけ委ねてよろしいかどうか。あらためて再考もすべき時代でもあるように思える。

## (六) 厄年の年祝い

### 厄払いは宮参りだけにあらず

かつては、さまざまな「年祝い」があった。

そのなかに、厄年を祝うことがある。女性の三三歳、男性の四二歳が大厄としてよく知られる。とくに、男性の四二歳は、前厄(四一歳)と後厄(四三歳)をふくめて慎しんで過さなくてはならない、とすることは周知のとおりである。

そこで、四二歳が「死」に通じ、三三歳が「さんざん」に通じるから、との俗説がまかり通っている。しかし、それは、後付けの語呂合わせにすぎない。身体的、あるいは社会的に負担が増す標準的な年まわりを定めた、とするのが妥当である。

男性の四二歳前後は、親の衰えを知る年まわりである。親との死別もある。そして、社会的には中間管理職相当の実務的な役がつくころである。公私ともに多忙となる。ゆえに、健康に留意して、言動にも注意しなくてはならないのだ。また、女性の三三歳は、かつては出産の最終期であった。

現在は、平均寿命も延びたし医療制度も進んでいるので、四二歳とか三三歳の年まわりは、さほどに切実な危機感はない。そこで、なぜそれが祝いごとなのか、と本義を問う機会も少なくなり、俗説にも流されて行事が形骸化する傾向が生じるのであろう。

もちろん、厄災が生じやすい年まわりとして忌み慎んで過ごすことも本義ではある。そして、神仏に詣でて「厄払い」の祈願をする。この慣習は、現在《いま》もよく伝えられており、「祝い」より「払い」が主行事である、とする人が多かろう。

神社にも仏寺にも、厄年を記して厄払いを誘《いざな》う看板が立っていたりする。そこに記された厄年の何と多いことか。もちろん、易断暦の類にもとづいてのことだろうが、大厄以外の年をかくも仰々しく告知するとは、何の目論見があるのだろうか、と、ついつい邪推もしたくなるのである。

厄年の数え方にも幾とおりかがある。

たとえば、もっとも古く（平安のころ）、陰陽道が宮中をはじめとする京の上層社会に取り入れられた、とする。宮中では、男性の二五歳・四二歳・六一歳、女性の一九歳・三三歳・三七歳を厄難がかかる年とした。それがのちに武家社会から民間社会に広まるところで、男女ともに七歳・一三歳、男性の七七歳・八八歳などが加わった、ともされる。その根拠は、諸説はあるが、確たるものではない。

奄美諸島や琉球諸島には誕生からのち一二年ごと（一三歳・二五歳・三七歳・四九歳・六一歳・七三歳・八五歳）を年祝いとする伝統があった。それをマトゥイ（まつり）ともいった。ここでは、他で大厄とする男性四二歳、女性三三歳は、まったく無縁でもあった。

「祝い」か「払い」かを論じることに、さほどの意味はあるまい。そして、それは、表裏一体のものでもある。

そもそも、日本での諸行事には払い（祓い）がつきものである。

神事では幣《ぬさ》で祓う。塩湯《えんとう》でも祓う。入水してのそれは、禊《みそぎ》祓いでもある。その縮小されたかたちが手水《てみず》と相なる。仏事では、香の煙で身の穢れを祓う。その他、身近なところでも、払いの所作がさまざまみられる。たとえば、葬儀の後での清めの塩（宗旨によっては、必要としないところもある）。大相撲の土俵でも塩を撒く。また、山入りや船出のときには、酒を撒いて清めとしていた。厄年の厄払いにかぎったことでもないのだが、神社や仏寺での厄払いが通例化することによって、在来のその他の払いの法が後退したように思える。

## 厄年は役年ゆえに祝う

祝い方も、さまざまある。ここでは「年祝い」にもともとの意義があったのであろう。

民間での厄年は、「役年」があったからの習合ではないか、とする。往年の民俗学者、倉田一郎や坪井洋文がその立場をとった。戦前・戦後の時代を知る彼らは、より多様にして濃厚な民俗事例にあたっていて、それをつないで考察できた。ということで、ここではその説を認めておきたい。

役年は、神役に参与する年齢である。とくに、男性の場合がこれにあてはまる。たとえば、七歳の子どもは、稚児《ちご》役の年齢に相当。また、一三歳や二五歳は、先祓い（猿田彦《さるだひこ》面などを付け神幸の先頭《とう》に立つ）や神輿《みこし》かつぎの年齢に相当する。さらに、四二歳や六一歳は頭屋《や》（当屋）や一年神主、宮座などの祭礼組織での重役をつとめる年齢とも相当するのである。

厄年に厄災を逃れるためには、その年齢に達した者が連帯してその年の祭礼の運営をすべて担うことが慣行ともなっていた。それが、もっとも厳重に現在に伝わっている事例に、石川県輪島市のそれがある。

輪島市河井町に鎮座する重蔵神社の大祭（如月祭《きさらぎ》）。それは、別名「お当祭り」といわれるように、「お当」なる当屋組が主体となって諸行事を執り行なうのだ。そこでの当屋組は、有志によるものではあるが、同年齢集団であった。数え年四八歳になる者たちが如月祭の最終日に盃事《さかずきごと》による厳粛な「お当受け」をし、四九歳になった次の年の如月祭を取り仕切ったのちに同じく「お当渡し」をしてその役を解除した。しかし、それでは学年の違う者同士が組まなくてはならないので、第二次大戦後は、年齢にしてひとつ違いの同級生同士で組織することに改められた。以来、その者たちの干支を並べてお当組の呼称（たとえば、子丑会とか申酉会とか）とするようになっている。

ほとんどのお当屋では、四二歳時に会を結成し、会長や副会長を決めておく、という。とくに、会長は、六年ぐらいの年月の余裕がなくては準備が整えられない。戦後は、会長が当《とう》元《もと》になるのが通例化しているので、その大役を果たすための物心両面での準備をしなくてはならないのだ。

たとえば、祭りの期間には、一日で数十人以上、多い日には一〇〇人以上もの人が当元屋敷に出入りすることになる。それなりに座敷や控え室も整えなくてはならないし、座布団から什器《じゅうき》まで揃えなくてはならない。それほどに、如月祭における当元と当元屋敷の機能は重責なのである。

それればかりではない。当元、お当組ともに、それを受けてから如月祭が無事終了するまでの一年間の出夫と出費は、かなりの負担となるのだ。お当組は、河井町内で行なわれる冠婚葬祭にも出夫する。とくに、葬儀については諸手配から裏方作業までを分担して行なう。つまり、農村社会における葬式組、都市社会における葬儀社の機能を担っているわけだ。事実、輪島では、近年まで専業の葬儀社が存在しなかった。これは、お当組が存在していたからである。お当組をつとめるとは、「一年がかりで一生分の奉仕をする」ことだったのである。

## 還暦以後は家族が祝う

男子四二歳の大厄年に、親族はもとより知人・友人を大勢招いて、盛大に饗宴を催す例が少なくなかった。

昭和六〇（一九八五）年のころ、志摩地方（三重県）で見聞したことである。

余談になるが、そのとき私が泊まっていた民宿でもその祝宴が行なわれていた。一〇〇人以上の客で、三間をぶちぬいた座敷は満員であった。そこに、ただ泊まっているというだけの私が招かれたのだ。宿の人に相談して並の御祝儀を包み、そこに出席した。いろいろ話も聞きたかったが、それは野暮というもの。酒量が半端でなく、何人かが人事不省となるほどの祝宴であった。

そうした大厄に大勢の客を招くのは、厄を分けて本人の負担を軽くするのだ、ということであった。後付けの理屈でもあろうが、もっともらしい俗説ではある。

年祝いとは、厄年にかぎらない。その年齢に達して、また生命の再生をはかることを祝福するのである。七・五・三や還暦・喜寿・米寿を祝うのは、現在にも伝わり、よく知られるところだ。

とくに、還暦（六一歳）の年祝いを迎えた者が一緒に宮参りや寺参りを行なう例は、現在も多い。同窓会と兼ねて行なう場合も多かろう。古くは、厄年の「忌み参り」といって、伊勢参りが盛んに行なわれていたから、伝統が絶たれてしまったわけではない。よき伝統哉、としておこう。

「四二（歳）は自分が祝い、六一（歳）は家人が祝う」といった。その傾向はたしかにあったが、これは社会的な自己犠牲の軽重をいったものであろう。ということは、還暦からの通過儀礼は、しだいに厄払いよりも祝福の意味合いが強くなるのだ。そして、七七歳（喜寿）や八八歳（米寿）は、もはや厄年とはいわなくなったのである。

そのところでは、文字どおりに還暦が境となる。言葉は適当でないかもしれないが、後は余禄（現代は、長寿社会であり、そのかぎりではない）。還暦までは自分の行事、その後は長寿を祝っての家族の行事となるのだ。

とくに、還暦では、赤いちゃんちゃんこや頭巾（還暦の祝い）を贈る。近年は、赤い下着もが贈られるようになった、とか。それも、赤が祝いを象徴する色であればこそで、まさか赤が厄払いという解釈は成り立つまい。しかし、いずれにしても、時代とともにさまざまな俗説や縁起ものが加わる。それもよし、とするしかあるまい。

あらためていうまでもなく、年祝いは、人生の折目・節目にあたって生命を更新する行事である。年中行事でいえば、節分や節供に相当する。そこでは、まず「祓い」を必要とした。そして、「食養生」を必要とした。それを、もっとも端的に表わしたのが宮参りであり、祝宴である。その二点が基本的な要素である、とみればよろしいのである。

## （七）葬送と法要

### 葬儀と葬式組

人生の通過儀礼のほとんどは、本人か家族がとりしきる。ところが、葬儀については、そうはいかない。準備から儀式までの作業のほとんどを、他に委ねることになるのである。現在、都市においては、それを葬儀社に請け負わせる。もちろん、事前の確認は遺族が立ち会ってなされるが、あとは葬儀社が滞りなく進めていく。

しかし、葬儀社の歴史は浅い。都市においては、すでに江戸後期に葬具の貸し出し業はあったといわれる。が、葬儀業が本格的に成立、展開するのは、明治二〇（一八八七）年ごろからのことである。それも、東京や大阪などの大都市にかぎられていた。そこでは、専門の人足をつかった葬列が行なわれ、その人足手配が葬具の提供とともに葬儀社の業務の中心であった。霊柩車のない時代は、出棺後の檀那寺や墓地への移動はそうした人足に頼らざるをえなかったのだ。

納棺や葬儀の進行、会葬者の接待などサービス業的な要素がでてくるのは、昭和初期のこと。それも、今日的な全面にわたっての代行請負が発達するのは、昭和三〇年代以降のことである。つまり、日本の都市化、経済の高度成長にともなってのことなのである。

もちろん、人びとは、葬儀社の出現以前から葬儀を行なってきた。いや、現代においても、農山漁村では葬儀社が介在しないで、あるいは一部の作業だけへの介在で、葬儀が執行されている例も少なくない。その場合、葬儀は、旧慣にしたがって当家で行なうことになる。遺族の手にあまるのは、いまもむかしも同じであろう。そこで、「葬式組」が機能する。

葬式組とは便宜的な総称で、葬連組・葬式講中・隣組・葬い組《とむらいぐみ》など、ところによってさまざまな呼称がある。近隣の家々による相互扶助組織にほかならない。家数は、これもまちまちであるが、だいたい一〇軒以上、二〇軒ぐらいまでであろうか。これは、諸役を割りふったときに必要な数で、台所での賄い方もあるので一軒から男女ひとりずつの出夫例が多い。農作業での結《ゆい》や祭礼での頭屋組《とうや》（当屋組）などの組織と重なるところもあるし、それとは別のところもある。

連絡《ふれ》がまわると、葬式組は、すぐに当家に集合する。そして、当家の代表を交えて葬儀の次第を話しあい、決める。諸役の割りふりは、だいたい次のようになる。

〔準備〕僧侶への連絡係／親族への連絡係／役所への手続き代行係／写真や印刷の手配係／料理・食器などの手配係／葬具の手配係／通夜の立会い係／通夜の料理係／通夜の給仕係

〔葬儀当日〕案内・駐車場係／受付係／香典係／僧侶の接待係／遺族・親族への接待係／会葬者への接待係／料理・配膳係／給仕係／燈明係／弔電披露係／出棺係／火葬場係／仕上げ（宴）給仕係

これは、私の郷里（岡山県井原市美星町）における一般的な例である。ごく近年までそうであった。

かつては、葬式組での作業は、さらに煩瑣で負担が大きかった。たとえば、自動車が未発達な時代には、連絡に走るにも必需品を調達するにしても、人力に頼らざるをえなかった。また、仕出し料理屋のないところでは、すべての食事を台所でつくらなくてはならなかった。何よりも重大な準備作業は、墓地での穴掘りであった。これは、若者が担当するのが通例で、穴埋めもまた彼らの担当であった。

現在は、簡略化が進んでいる。たとえば、食事も、葬儀当日は仕出し料理をとることが通例化しているし、セレモニーホールで葬儀を行なう例もではじめている。だが、都市での葬儀と違い、私の郷里のような辺境の農村では、通夜にかぎっては葬式組の協力を得て当家で行なうことが当分続きそうである。それは、通夜は遺族が遺体のそばで忌み籠るという本来の意義にもとづいて行なわれるからである。

忌み籠るとは、外部との接触を絶つ、つまり隔離されるということである。したがって、葬儀の諸準備は他に委ねなくてはならないのだ。葬式組が古くから存在する理由は、つきつめれば、そのためであろう。

通夜を一般に開放するようになったのは、近年のことである。勤め人の会葬がしやすくはかった都市的な習俗で、端的にいえば、葬儀社が関与しだしてからのことでもある。それ以前は、通夜は秘めやかに身内だけで行なうものであった。僧侶がそこに出向くことも、寺との関係の深い家以外にはなかった。枕経《まくらぎょう》をよむのも、親族内の年長者である例が少なくなかったのである。

## 通夜の本義

「通夜」という言葉は、すでに江戸でも一般語となっていた。「浅草の観音の十七夜待のお通夜」（『花鳥風月』＝天保年間）などとある。だが、これでもわかるように、葬儀の前の通夜にかぎってつかわれる言葉ではない。文字どおり、夜を寝ないで過ごすことなのである。

現在も、その習俗が変容しながらも各地に伝わる。江戸では、一七夜待ちをとりあげるが、一九日や二三日をその日とする事例が多い。とくに、関東や東北各地では、二三夜待ちを行なっていたところが多かった。また、庚申《こうしん》の日や甲子《かっし》の日をそうするところも少なくない。旧暦の正月や五月、九月の中旬ごろ、神社や当屋の家に集まって夜籠りをする事例もある。そして、それらを総じて「日待ち」というのである。

それは、カミが降《お》りるとか巡るとかされる忌《き》の日を選んでのこと。カミを祀り、そのそばで忌み籠り、明けを待つことに本義がある。

この場合のカミとは、さまざまな精霊のことで、そこには死霊も含まれる。とくに、死霊のそばで通夜することを、ヨトギ（夜伽）といったところが各地にある。このヨトギこそ、通夜の本義にもっとも近い言葉ではあるまいか。

ちなみに、ヨトギは、モガリ（殯）にも相通じる。仔細はわからないが、天皇崩御の際には次期天皇が一夜おひとりでモガリを行なう、と、もれ伝わる。民俗事例としては、青森県下や伊豆諸島に近年までそれが伝わっていた。

なお、韓国では、この通夜が泣き声で通される。遺体にすがりつくかたちで婦人たちが泣く。そのために、泣き女《め》を雇う。その習俗は、ほとんど日本には伝わらなかった。

日本でのヨトギやモガリは、閉ざされた空間で近しい遺族たちによる密儀であったのだ。そうした通夜の本義は、現在はほとんどたどりにくくなっている。

通夜は、あくまでも血縁的な儀礼。イエの行事である。それに対して、葬儀は、地縁的な、あるいは社縁的な儀礼である。夜と昼、同じ家のなかでも部屋が変わる。二つの行事が重なる、ということをあらためて強調しておきたい。

## 日本独特の年忌

年忌《ねんき》は、一般には仏教による追善供養をいう。

インドの仏教は、中陰の四九日をもって死者の供養をすべて打ち切るものだった、といわれる。中国での仏教は、中陰のあとも百か日、一周忌、三年忌を行なうようになった、といわれる。その仏教が、中国から日本に伝来したのは周知のとおりだが、日本ではさらに七年忌、一三年忌、三三年忌などを加えて定例化した。なぜだかは、よくわからない。それだけ先祖霊に対しての思いが強かったのか。あるいは、死霊をおそれる想いが強かったのか。鎌倉時代には、すでにそうした年忌が行なわれていた、と諸事典（辞典）でいう。

年忌は、いいかえるなら式年制である。毎年の行事とするには少々厄介であろう。そこで、ある周期を定めて行なう。そこに参加する人たちの、故人に対する記憶がよみがえりやすい周期で行なわれるのである。

その年忌は、宗派によって違いがあるものの、多くは三三年忌をもって最終年忌とする。俗には、これをトムライアゲ（弔い上げ）という。以後は、死者を特定しての供養は行なわれない。そこで、死霊は個性を失い、その他大勢のご先祖さまと同列になるのである。

ちなみに、神道系では、一年祭・五年祭・一〇年祭・三〇年祭・五〇年祭をもって代表的な慰霊祭とする。そして、五〇年祭で特定の死霊を祀ってのまつりは終わりとする。

この三三年なり五〇年という年期は、じつに合理的な制度である、とみなくてはならない。とくに、三三年がそうである。まず、直接故人を知る血縁者が他界しはじめて、そろそろ代がわりする時期になる。直系の子や孫が行事をとり仕切ることのできるきわめて妥当な限界近くの年まわりとなるのだ。そして、五〇年ともなると、限界年となるのである。

ごくごく近年のこと。葬儀や年忌に大きな変化が生じている。

いわゆる家族葬、密葬。はたまた散骨、樹木葬など。葬儀の社会性が後退してきているのだ。文化性が後退してきている、といってもよかろう。個々の自由が優先される、それを認めざるをえない時代となった。

ただ急速な変化は混乱もまねく。会葬や献花を断られたとか、それを送り返されたとか。極端な例としては、密葬後に郷里の檀那寺宛に宅配便で遺骨が送られてきたとか、墓地に遺骨が放置されていたとか。にわかには信じ難い事件も生じている。が、その是非はあえて問うまい。しかし地縁性・社縁性を断ち切ったところでは、文化は後退するだけではないか。

ここで、『餓鬼草紙』(平安末期と伝わる)の墓の場面を掲げておこう。

盛土の上に卒塔婆《そとうば》や供養塔らしきものが立つ。しかし、それより多いのが、死体の放置。それが、骸骨化もしている。また、棺が放置されている場面もあり、そこでは野良犬が蓋を外して遺体を喰い漁っている。葬儀や埋葬をおこたった「餓鬼道」を描いたものである。

それから大方一〇〇〇年、私たちは、社会のしきたりとして、餓鬼道を避けて穏《おだ》いな葬送文化を築き今日まで伝えてきたのだ。何とも感慨深いものがある、としておこう。

# 第四章　参詣と巡礼のなかの信心——遊山の片身ごろとして

## （一）江戸にはじまる伊勢参り

### 元禄以降が旅の発達

「一生に一度の伊勢参り」といった。江戸時代の庶民社会でのことである。

その諺どおりに皆が一度は伊勢に詣でた、としよう。ただし、実働年代は一五歳から五〇歳までの三五年ほど。江戸中期のこの世代の人口を一八〇〇万人と推定すれば（蝦夷と琉球を除く）、年間で五〇万人以上の人出をみた、ということになる。単純すぎる計算ではあるが、実際にそれに似た数値を示す記録もあるのだ。

たとえば、本居宣長の『玉勝間』には、宝永二（一七〇五）年四月九日からの五〇日間に三六二万人もの参宮者があった、と記す。これは、「おかげ参り」が流行の年のことではあるが、それほどに伊勢参宮が隆盛を極めていたことを傍証する。ちなみに、おかげ参りとは、夢見とか奇跡とかの個人への召命からなるもの、とする。が、同時に、世間様のおかげで旅ができる、ということからそういわれるようになったらしい。

通説によると、路銭をもたずとも伊勢参宮ができるという噂がとびかい、それがより多くの人を誘うことになった、という。そのようすを示す資料も多い。たとえば、『おかげ道中噺栗毛』なる滑稽本が出版されているし、おかげ参りを描いた絵図や絵馬も存在する。川柳にも、「何事のおあしを持たず伊勢参り」、とうたう。それらからして、道中各所に施行、接待の法が発達したことは、ほぼ明らかである。

また、これより前、正規な届けを出さずに行く若者たちの「抜け参宮」が、農山村における通過儀礼になったりもしている。それも、街道沿いに住む人びとの善意に頼っての旅であったことは、いうをまたない。ゆえに、「かわいい子には旅をさせよ」とか「渡る世間に鬼はない」ともいわれたのである。

おかげ参りや抜け参宮の正確な人数はつかめないまでも、複数の文献資料をあわせて推測すると、江戸中期には年間だいたい一〇〇万人前後が伊勢参宮を行なっていた、とみるのは妥当であろう。すると、当時の人口比でいうとおよそ二〇人に一人が伊勢に歩を進めた、ということになる。

しかも、当時の伊勢への道は遠く、江戸からだと片道で二〇日ほど、往復で四〇日ほど。それにほとんどは京都・大坂へも足を延ばしたので、五〇日以上もの旅としてよかろう。すると、延べ五〇〇〇万人日の行旅となる。ちなみに、最近の海外旅行者（ビジネス旅行者を除いた実質的な観光旅行者）は年間一〇〇〇万人足らず。その平均旅行日数が八日（七泊）であるから、延べ八〇〇〇万人日の行旅となる。だが、現在の人口は、江戸中期の実働年代の約七倍であるから、実質的な比較数値は、その七分の一ほど（約一一四〇万人日）とみなくてはなるまい。もちろん、これだけの推定数値をもって古今の比較をすることにさほどの意味はないが、江戸中期における伊勢参宮の盛況を見当づけることはできるはずだ。

なぜ、さほどに庶民層が伊勢に詣でたか。その理由は、ひととおりではない。

まず、旅に出るには相応の金銭が必要である。とくに、旅が盛んになるには、その社会的・経済的な安定が必須条件になる。

私どもが歴史教育から受けた江戸期の庶民生活のイメージは、支配者階層に搾取され困窮を極めたそれである。しかし、それは一面的な解釈といわなくてはならない。たとえば、よく知られるところの年貢米制度。藩によって年貢の徴収率は異なるものの、たしかに七公三民とか六公四民という言葉がある。その結果、武士や町人は、一日二食か三食は米の飯を食べられたが、農民は、一食分の米の確保もままならなかった。それがため農民の生活は苦しかった、と解釈されがちである。だが、それは、開幕から数十年の間、としなくてはならない。江戸幕府の最大の施策は、街道と宿場の建設にあった。その間は、年貢の徴収も厳しくしなくてはならなかったし、出夫の強制も厳しくしなくてはならなかった。庶民が窮々としたのは、そのせいであった。

それがあって、はじめて参勤交代も実施が可能になったのである（寛永一二〔一六三五〕年から）。

城下や街道が整備されたところで、一般には元禄（一六八八～一七〇四年）のころを境に年貢の徴収率は半公半民を基準に軽減されている。さらに、米の不作年は、年貢の徴収率が抑えられたり、お救い米が下されたりしたこともある。何しろ、江戸期は二百六十余年もあるのだ。その間を一律にとらえてはならないし、幕藩側の文律だけで民衆の生活をはかってはならないだろう。

さらに、見落としてはならないのは、農民は、農閑期を利用しての「農間稼ぎ」に精をだしていた事実である。大工や左官、杜氏や売薬など相応の副業収入があった。それは、年貢の対象外である。ゆえに、それがあればこそ、彼らはときどきに旅を楽しむ余裕ももてたのである。

しかし、庶民の私用の旅は、タテマエ上は幕藩の禁足令や倹約令に反することであった。したがって、しかるべき方便が必要であった。それには、天下泰平と五穀豊穣を主眼としての「寺社詣で」がもっとも妥当であったのだ。そのとき、国の総氏神とされる伊勢神宮への参拝がもっとも有効な方便となりえたのである。

## 旅を支えた装置系と制度系

旅が大衆化するひとつの前提条件とでもいうべきものに、その「安全性」がある。それは、装置系と制度系の整備にほかならない。国家的事業として街道整備が最優先して進められたところで、装置系の安全性は、当時望みうる最良の水準が確保された、とみるべきであろう。荷継ぎや為替などの装置・制度も整えられていった。

制度系で注目しなくてはならないのが、「講」と「代参」である。

講とは、ムラなり町内を基盤に組織された有志集団である。一般に、講員は、講費を分担して積み立て、それを講の運営にあてた。寺社詣での講の場合なら、旅費を積み立てる。伊勢講の場合、伊勢までの往復の旅費と伊勢で神楽奉納を行う祈禱料となるから、代参者一人当たり一〇両もそれ以上も使った例も少なくない。一家の年間生活費にも相当する額である。代参者は、輪番制で毎年かわっていく。したがって、一〇年か二〇年に一度は必ず誰もが行ける、という方式である。「講と代参」は、まことに実利的な庶民の知恵というものであった。

制度系では、手形の一般化がある。いわゆる道中手形であるが、庶民の場合は往来手形。それが檀那寺や氏神神社から、つまり僧侶や神主から発行されるようになった。とくに、江戸中期にほぼ全国的に整えられた檀家制度がそれを可能にした。

巷間、江戸時代における道中手形は奉行なり代官が発行した、ととらえられがちである。

それゆえに、庶民が旅に出るにはその手続きが煩瑣であり、著しく規制された、と思われがちなのである。しかし、そうした手続きを要する道中手形は、公務の道中にかぎったこと。庶民がもつ往来手形は、檀那寺発行の例がもっとも一般的なのである。

それは、旅の利便をはかるある種の合理性をもって自然に発生し、広まった慣習であった。街道と諸設備が整備されたとはいっても、徒歩行であり、それなりに難行であることにかわりはない。不慮の事故のなかで、もっとも厄介なのが死亡である。その場合も、檀那寺の手形があれば、もよりの寺で密葬をしてくれることになるのである。しかも、それは必ずしも宗旨を問わない。その手形を所持することで、人びとはどれほどの安心を得ただろうか。もっと端的にいえば、その保証なくしては、庶民の旅の隆盛はありえなかったはずである。

## 伊勢の御師こそ旅行業の祖

庶民がこぞっての伊勢参宮を可能にした別の理由として、御師《おんし》の存在がある。

御師は、前代においては、神宮の神職（権禰宜層《ごんのねぎ》）であり、純粋な信仰の布教者であった。それは、一部では近世にそのまま伝えられるが、民衆の寺社詣でが盛んになると、神人の性格をなくして商人化する。神宮との関係を断絶し、それぞれに独立した「口入れ神主」と化していったのだ。つまり、全国的に師檀（御師と檀家）関係を組織化して、参宮者の旅を万端斡旋するのが江戸期の伊勢の御師であったのである。

ここに、庶民の伊勢参宮がより安全性を高めて発達する制度系が整ったことになる。

御師の数は、文禄三（一五九四）年の『師職帳』によれば、山田（外宮）で一四五家あった。その後、貞享元（一六八四）年の『山田惣師職人数党帳』では四四〇家、宝暦五（一七五五）年では五七三家、となっている。これに若干の宇治（内宮）の御師を加えると、江戸中期には六〇〇から七〇〇家ぐらいの御師がいた、と類推できる。

そのころ、各御師は、すでにカスミともいう檀那場を定めていた。カスミの内にある家を檀家とか檀那という。安永六（一七七七）年の『私祈禱檀家帳』には、国別の信者数が掲げてある。それを統計すると約四一九万戸である。これは、御師を通じて集計した数であるから多少の誇張もあるだろうが、それにしても驚くべき数字である。日本全体の七割、八割にも相当するであろうか。

御師の第一の商業活動は、毎年一度、檀家に「大神宮」と銘された大麻《たいま》（神札）を配布することであった。大麻は、檀家が伊勢に参って天下泰平、五穀豊穣の祈願をすべきところを、御師がすでに代行して祈願したものとする証印である。伊勢神宮と民衆社会を結ぶ巧妙な証印であった。檀家まわりは、おもに御師の手代があたったが、彼らは行く先々で優遇されたようだ。御師は、檀家から「お伊勢さん」と呼ばれてはいたが、その活動は、もはや伊勢神宮とはいっさい関係のないものであった。しかし、地方の民衆社会においては、御師を手厚くもてなすことで伊勢神宮の神徳が得られると信じられていた。

伊勢の御師さて銭の無い盛《さかり》に来

という川柳が、そのようすをよくあらわしているではないか。

大麻に次ぐ御師の第二の商品は、音物《いんもつ》であった。音物とは、いわゆる伊勢みやげの類である。杉原紙・鳥子紙《とりのこ》・油煙（炭）・帯・櫛・海苔・茶・伊勢暦など、軽量で運びやすい品々が中心になっている。こうしたみやげ類は、当初は商品として売買されたのではなく、多額の初穂（祈禱料）を出してくれた人への添えもの（答礼）だった。それが、のちに商品化した。

もうひとつ、御師の大きな収入源は、伊勢に参宮する檀家の人たちの道中の手配と伊勢での宿を提供することであった。御師の家に泊まる檀家は、御供料（神饌料）・神楽料・神馬料を払うのが習わしであった。いずれも御師の収入となるわけで、むろんこれも伊勢神宮とは関係がなかった。つまり、伊勢神宮は私幣（私事の祈禱）禁止とされているので、もろもろの祈禱はすべて御師の家で行われたわけだ。その額は、師檀関係によってまちまちではあるが、講の代参の場合は、算用帳に七両、一五両、二〇両とかの記事が残っているので半端な額ではない。宿泊のまかない料を含むといっても、一家の年間の維持費にも相当する額だったのである。

御師はじつにしたたかであった。檀家の人たちに対しては、下へもおかない接待に徹した。檀家の一行が宮川を渡ってくると、年配の手代が慇懃《いんぎん》に出迎える。御師の家の門前に着くと、ただちに入浴をすすめる。そして、一行が髭を剃り、髪を結いなおし、用意された羽二重の着物にあらためて座敷に落ち着いたとき、主人が出てきてうやうやしく挨拶をし、遠路の労をねぎらう。そのあと食事となる。これがまた鯛《たい》に鮑《あわび》に海老《えび》に灘の生一本などの二の膳、三の膳。大盤振舞であった。

そこには御師のたくましい商魂が隠されていた、とみるべきであろう。伊勢に来た客がムラに帰って、伊勢はよかった、とその贅を吹聴してくれれば、次回の集客もうまく運ぼうというものである。事実、数多く残存する道中記には、そのもてなしをして「大名気分を味わうなり」と評している例も少なくないのである。

こうした御師の活動をみると、まさに「元祖」旅行総合業というのがふさわしい。ただの旅行斡旋業にとどまらない。庶民の旅の手続き上の難儀を代行するだけでなく、伊勢においては旅館業やみやげ店も兼ね、神楽祈禱も行う。むろん、檀家と講社の管理は万全で、講費の管理までも代行した例があるのだ。

巷間、旅行業は、一九世紀のイギリスのトーマス・クックにはじまる、といわれる。が、伊勢の御師は、それよりも一〇〇年もそれ以上も前から営業を本格化させていたのである。

しかし、現在、「観光立国」を標榜しながらも、それを顕彰する動きがついぞみられないのは、どうしたことだろうか。

## 物見遊山の文化伝承

「寺社詣で」を方便とした庶民の旅は、当然ながら物見遊山に重きをおいたものであった。「牛に引かれて善光寺」というほどに目的意識が乏しいものであった。

川柳がそのありようを伝える。

伊勢参宮大神宮へもちょっと寄り
参宮というも遊山の片身ごろ

伊勢参宮の実態もかようなものであった。

とはいえ、彼らも寺社詣でという方便をもって旅に出た以上、その目的を果たすまでは、それなりに禁欲的な旅を続けたようである。つまり、往路にかぎっては精進した。道中記や算用帳なども、往路が詳しい傾向がある。これが、つまりは、「物見」なるタテマエを意識してのことであっただろう。

しかし、タテマエの参宮をすませると、ホンネの「遊山」行に移る。買い物や芝居見物などを楽しみ、精進落としと称しては宴会をもった。俗に、「往きの精進、帰りに観音ご開帳」という。宴会ばかりでなく、伊勢参りの男たちは古市遊廓《ふるいち》で遊ぶことも定番化させたのである。

古市遊廓だけでない。日本では、社寺の門前に遊廓が存在した。もちろん、現代の社会通念からは容認されることではないが、往時にはたしかに存在した。それほどに、庶民の男たちの遊山欲は旺盛に発揮されていたのだ。およそ、世界の聖地巡礼ではみられない現象であった。

そこでは、伊勢音頭で踊る女性たちをはやしながらの宴会がくりひろげられた。そして、男たちが帰路で伊勢音頭を口ずさむことになり、やがてそれが地方の盆踊り唄にも転じた形跡がある。伊勢みやげのひとつ、としてよいだろう。

「みやげ」も、もとは「宮笥」。神社からの授与品であったが、やがて門前に土産品が並ぶことになった。みやげもののなかでも、丸薬《がんやく》や生姜糖《しょうがとう》などが好まれたのも、分配が可能であることからである。講からの代参ならば、それが必然とみることができるであろう。

寺社詣でを方便として実際は物見遊山に重きをおいた旅。それは、何も当時にかぎったことではない。現在でも、とくに役所や会社を母体として視察旅行とか研修旅行とか、もっともらしい名目をつけた旅行が多く存在する。その実態はどうであるか、いわずもがなであろう。いわずもがなのいいわけをするからこそ、「みやげ」も必要となるのだ。現代は、江戸時代とは比較にならないほど、個人の自由が許容されている時代である。ホンネも表現しやすい時代のはずである。にもかかわらず、パッケージツアーとみやげ買い、というそのところにおいての私ども日本人の体質は、まだなお幕藩体制のそれと不断の連続性を伝えているのだ。とくに、旧世代にかぎっては、そういうことになりそうである。

## (二) 札所を数えての巡礼

### 番打ちという巡礼

江戸時代には、庶民の旅の発達をみた。

伊勢参宮と同じように、回国巡礼も発達をみた。

四国八十八所・西国三十三所・坂東三十三所・秩父三十四所などの巡礼行。もちろん、伊勢参宮ほどには多くはなかったであろうが、その数を導きだす資料に乏しい。

たとえば、「伊勢へ七度《ななたび》、熊野へ三度《みたび》」という言葉が伝わる。

実際には、伊勢に年間数十万から一〇〇万人の集客があったころ、南紀熊野に足を延ばすのは二、三万人ほどだった、という（みえ熊野学研究会での小倉肇氏らの討議による）。

当時の旅行案内書の類には、伊勢から熊野へと誘《いざな》うものが少なくなかった。『巡礼案内記』『巡礼道中指南書』など。それらは、熊野三社への案内でもあったが、西国三十三所へつないでの案内であった。ちなみに、西国三十三所の第一番霊場は、南紀（和歌山県）の青《せい》岸渡寺《がんとじ》である。もっとも、大坂方面から南紀を目指す巡礼者もあっただろう。しかし、そこに至るにも、主要街道からは外れていて相当な難路である。そして、それからあと札所を巡っての旅がまた長距離に及ぶのである。東、西から青岸渡寺を目指す善男善女の数は、合わせて数万人といったところだろうか。それでも、前代より数段多い人数といえるのである。

ちなみに、西国三十三所とは、青岸渡寺からはじまって紀三井寺・粉河寺（和歌山県）を経由して河内（大阪府）、奈良、京都、兵庫、近江（滋賀県）の諸寺を巡り、美濃（岐阜県）の華厳寺《けごんじ》で打止めとなる。現在での二府五県にまたがる巡礼道で、その距離は四国の遍路道とほぼ同等である。そして、そこにある番寺は、ほとんどが観音霊場である。

ところで、巡礼を英語におきかえると、pilgrimage と相なる。しかし、英語では、回国巡礼だけでなく、伊勢参宮も京都や奈良での巡拝も、すべてをひっくるめて pilgrimage なのである。ところが、私たちは、伊勢参宮を伊勢参りとはいっても、伊勢巡礼とはいわない。同様に、出版物のタイトルで古寺巡礼などというものの、一般には京都巡礼とか奈良巡礼とはいわないのである。そのあたりに、日本での巡礼の特性を知る手がかりがありそうである。

聖地や霊場を訪ねる、ということでは、世界の巡礼に共通する。

キリスト教徒のイエルサレム巡礼、ローマ巡礼、サンチャゴ・デ・コンポステラ巡礼やイスラム教徒のメッカ巡礼、中国仏教の五台山巡礼がよく知られるところである。それらは、目的地が明確であることが共通する。途中で由緒ある場所があればそこにも寄るが、あくまでも目的地はひとつなのである。これを、「直線型」の巡礼、ということができるだろう。

それに対して、日本の回国巡礼は、その表字が示すように「周回型」である。なお、このことについては、すでに五来重（仏教史）、青木保（文化人類学）、星野英紀（宗教学）ら諸氏が指摘してきており、ほぼ定説化もしていることである。

周回型は、直線型に対比しては曲線型としてもよい。巡り型とした報告例もある。が、ただの曲線ではなく、大きく円を描くように巡るということでは、ここでは周回型とする。

さらに、そこに八十八とか三十三の番号がつくのである。これを、「番打ち」という。きわめて日本的な巡礼の形態である、といえるであろう。

しかも、その順番どおりに巡るともかぎらないのである。逆打ちという反対回りもあり、途中で止めて後《あと》につなぎ直すこともある。何年かかっても順不同でも、その番数をすべてこなすことに意義があるのだ。そして、そこには社寺の格の優劣はない。また、そこには特定の行場や拝所も存在しないのである。

およそ、世界の宗教観にはそぐわない日本人の融通無礙《ゆうずうむげ》の巡礼様式、というしかあるまい。「神仏混淆」、「八百万《やおよろず》」の信仰観と、教義に厳しい一神教との違いがある、といってもよい。そして、そこにある種の娯楽性が生じる余地もあるのではあるまいか。

## 入峰修行と観音霊場巡り

とはいえ、日本での巡礼も、ただの寺社詣でとは違う。したがって、伊勢参宮とも違うのだ。たとえば、その旅程に、遊里は発達していないのである。

江戸時代になって、旅が大衆化した。寺社詣でも回国巡礼も、ある種の娯楽化が進んだ。といっても、巡礼は、より求道的な旅であったことは明らかな史実である。

回国巡礼は、歴史をさかのぼってみれば、回国修行にはじまる。たとえば、一一世紀以降の院政期に法皇や上皇たちが頻繁に訪れたのが熊野である。白河院が九回、鳥羽院が一八回、後白河院が三四回、後鳥羽院が二九回という参籠記録が残る。法皇、上皇たちの場合は、従者を多勢連れた大参詣団というものだっただろうが、それに感化されるかたちで個人で熊野に向かう都人《みやこびと》たちも多かった。それは、「蟻《あり》の熊野詣で」ともいわれたほどであった。

熊野は、観音信仰や浄土信仰と密接な関係をもった地で、そうした山地に入って浄土世界を追求することを「入峰修行」といった。人びとは、あえて難行苦行を求めもした。

熊野へ参るには
紀路と伊勢路のどれ近し　どれ遠し
広大慈悲の道なれば

紀路も伊勢路も遠からず

後白河院（法皇）が編じたとされる『梁塵秘抄《りょうじんひしょう》』のなかの一節である。そこへ行く難儀こそが浄土世界に近づく道とされていたのである。そして、質素な宿に宿泊した。当然、禁欲的な旅であった。江戸時代になると、旅籠《はたご》はできるが、東海道筋や伊勢路のような飲食や遊興を享楽的に提供するものではなかった。

そのところでは、熊野詣では、世界に準ずる直線型の巡礼といえるであろう。が、熊野詣でも、一般には熊野巡礼とはいわないのである。周回型ではなく、番所の設定もないからに相違あるまい。日本での巡礼は、回国巡礼をいうのである。

ところが、その熊野山系の麓から西国巡礼がはじまるのである。

西国巡礼は、もっとも古い起源をもつ。諸説があるが、ひとつは長谷寺開山徳道《とくどう》上人の開創説、もうひとつは花山法皇開創説。この二説が有力とされる。一一世紀前後のころ、とみるのが妥当であろう。

最古の文献が伝一二世紀の『寺門高僧記』であり、その巻四に「観音霊所三十三所巡礼記」がある（五来重『遊行と巡礼』）。観音信仰がいつごろ中国から伝わったかは明らかでないが、ほとんど仏教伝来時に等しいのではないかと思える。奈良の古寺には観音菩薩像が多いし、『日本霊異記』（九世紀）にも観音への変化《へんげ》や帰依《きえ》の説話が載っているのである。古くから、民衆にも支持されていた、としてよいのであろう。

巡礼者は本尊（観音菩薩）を巡拝することで祈願が通じる、とするのである。西国巡礼もそうだが、関東における坂東巡礼と秩父巡礼も、観音霊場巡りである。入峰修行ほどに厳しい修法はないが、霊場巡りをすることで浄土世界に近づく、としたのである。

## 同行二人の四国遍路

一方、四国巡礼は、これにかぎって「遍路《へんろ》」ともいう。真言宗の開祖、空海の修行の跡をたどる、ということでその呼称がついているのである。

手甲・脚絆《きゃはん》で白衣姿と菅笠《すげがさ》、輪袈裟《わげさ》を首に頭陀袋《ずだぶくろ》（さんや袋）を肩にかけ、手には数珠《じゅず》と鈴を持ち、金剛杖をつく。自動車で巡るのが主流となった昨今では、そこまでそろえた遍路姿は少なくなったが、それでも輪袈裟、頭陀袋に数珠、金剛杖は不可欠であろう。

菅笠《すげがさ》や白衣には「同行二人《どうぎょうににん》」と書かれている。弘法大師（空海）と一体化する意である。

ところが、八十八所をみると、必ずしも真言霊場ばかりではないのだ。弘法大師を祀る大師堂はあるが、本堂の本尊はまちまち。もとは、真言宗以外の宗派であったところもあるのだ。

「何ごとのおはしますをば知らねども　かたじけなさに涙こぼるる」（『西行法師家集』）という西行法師の名歌を思い出さずにはおれない。私たち日本人は、必ずしも一宗一派に凝っての形式を求めない。まさに「八百万」に対する信仰観が根底にあり、その上に由緒深そうな、人びとにとって勝手のよい「物語」をかぶせる。その物語も、多くは伝承譚である。といえば、反論もあろうが、霊場という物語性をさほど重視しなくてもよいように思えるのである。「何ごとのおはしますをば知らねども」、神仏を訪ねて巡り歩くことに最大の意義が見出されるのであろう。

近年、巡礼に出る人が増えている、という。とくに、四国での寺々は、接待に活気づいている、という。いずこも、終戦後しばらくはさびれていたそうで、バスや自家用車での巡礼が簡単にできるようになったことがいちばんの原因だろう、というのである。

巡礼という言葉もまた融通無礙につかい勝手のよい言葉なのかもしれない。たとえば、歴史探訪にも巡礼という言葉がつかわれたりする。アニメ巡礼とかパワースポット巡礼などという言葉も最近は聞かれる。これも、およそ世界には通じない日本の「文化性」というしかないだろう。だが、高学歴や経済性、合理性をひたすら追い求めて総都市化もした日本で、私たち日本人が非合理な「精神性」の大事さに気づいたのかもしれない。とすれば、好ましい回帰というべきでもあろう。

## （三）謎めく出雲大社へ

### 遷宮年のにぎわい

平成二五（二〇一三）年は、「遷宮年《せんぐう》」ともいうべき年であった。

ひとつには、伊勢神宮における式年遷宮があった。遷御《せんぎょ》の儀は、内宮《ないくう》が一〇月二日、外宮《げくう》が一〇月五日であった。

伊勢神宮での遷宮は、足かけ一〇年にも及んで行なわれる日本でもっとも大がかりなものなのである。それは、二〇年周期という式年制をとり、社殿をすべて新しく建て替えるものである。古い社殿をそのままに、隣に新しい社殿を建てるのだ。ほぼ半年間にわたるしばらくの間、新旧両方の社殿が建ち並ぶわけである。

まったく特殊な事例といわなくてはならない。

他の神社の遷宮はそうではない。多くは、社殿の一部を改修したり神宝の調進をもって神の霊威の更新をはかった、とする。しかも、式年制をとらず、随時行なわれる。建物の状況しだいで、どの神社でも必然のことである。再建にしろ修造にしろ神座に人手が加わるとき、神霊をそこにとどめるわけにはいかない。そこで、仮殿に一時移す。その儀式が遷座《せんざ》（祭）。それに対して、神霊を新しい神座に戻す儀式が遷宮（祭）なのである。ということからすると、伊勢神宮のそれでは遷座祭がなく、それも特殊な一事なのである。

平成二五年五月一〇日、出雲大社でも遷宮が執り行なわれた。

ここでは、六〇年ぶりのことであった。ゆえに、「平成の大遷宮」とたたえられた。いうなれば、修造遷宮である。とくに、大屋根の檜皮《ひわだ》が葺き替えられ、それにともなって建物も改修された。

出雲大社の修造は、飛鳥時代の斉明五（六五九）年、とされる。そして、その当時の建物は巨大な高床式であった、とされる。

『古事記』にいう。大国主神《おおくにぬしのかみ》（大国主命《おおくにぬしのみこと》とも）が天照大御神《あまてらすおおみかみ》の要請に応じて国土を譲るとき、自らがおさまる宮殿の造営を条件としてあげた。

「底《そこ》つ石根《いわね》に宮柱《みやばしら》ふとしり、高天《たかま》の原に氷木《ひぎ》たかしりて」（倉野憲司校注『古事記』より）。

この場合の「ふとしり」は、のちに祓詞《はらいことば》や祝詞《のりと》で奏上するところの「太敷立《ふとしきたて》」。また、「氷木」は「千木《ちぎ》」であろう。太い柱を立て、天にも届くような大屋根に千木がそびえる、まさに巨大建造物を連想させるのである。その巨大さがどれほどのものであったか、推理や議論はつきない。最近は、海岸から建物に通じる木製の階段道も想定、模型復元もされている。発掘された柱穴などを合わせて判断すれば、それも、ほぼ間違いがないところである。

「雲太《うんた》、和二《わに》、京三《きょうさん》」という言葉も伝わる。これは、平安中期に源為憲が書いた『口遊《くちずさみ》』のなかにあり、一に出雲大社、二に東大寺大仏殿、三に平安大極殿と、高層建造物の順位をあげたものである。そのころから、出雲大社の存在は広く知られていたのである。

ただ、大きすぎた。倒壊の記録も多く残る。古代においての遷宮は、そのたびの仮殿造営と正宮再建であった、とみるのが妥当である。記録上でも「仮殿式遷宮」という記述が重なる。

江戸期、寛文七（一六六七）年の遷宮時から正宮の高さが半分になった。それにしても、棟高八丈（約二四メートル）。神社建築のなかでは、まだ最大級の規模である。これを、時どきに建て替えるのは容易でない。

以上、長々と記してきたのは、遷宮に対しての私ども日本人の想いを確かめたいからである。

神は、「常若《とこわか》」である、とする。ゆえに、広義な意味での依代《よりしろ》であるその建物や調度が古びて朽ちていくのはしのびない。という想いを、私ども日本人は、無意識にしろ歴史的に共有してきたのではあるまいか。それがあるからこそ、遷宮にかかる費用も有縁無縁の寄進でまかなえてきたのである。そのことは、仏寺についてもいえるが、仏寺には神社の遷宮ほどの制度化はみられない。遷宮の制度は、ほぼ神社にかぎってのこと。それゆえに、そこでの「宮」が示すように、世界でも類例がないのである。

そして、遷宮年には、大勢の参詣者が集まってくるのである。そこには、自分たちも支援して遷宮が成った、という祝賀の意が濃い。もうひとつには、これは確かめるのがむつかしいが、自分たちも常若にあやかって、という願望が潜在するのではあるまいか。そこで、いつになくおめでたい気持ちで参拝をするのである。いちいち数字はあげないが、それぞれに例年の倍以上もの人出をみているのである。

### 福の神といわれるゆえん

とくに、人口の集住地からの地理的な関係では、伊勢よりも出雲への道は遠く不便である。さらに冬期は、寒風と積雪が道をとざしがちである。

かつては、というのは江戸時代から昭和の前期にかけて、日本の人口の七割以上は農民層であった。江戸時代から庶民の旅が発達するが、それは農閑期を利用してのことである。つまり、晩秋から早春にかけてのことであった。そのところでも、寒冷地の出雲は、集客には不利な地であった。

道中記の類も、伊勢参りに比べると出雲参りのそれがはるかに少ないのである。

ただ、「出雲講」「大社講」は、他の参詣講社と同じような、いやそれをしのぐような発達をみた。これも、江戸時代のことである。とくに、中国地方の農山村にそれが顕著であり、「正月の明け参り」が一般的であった。

この場合の正月は、旧正月であることはいうをまたない。歩く旅には、まだ寒い。だが、春の田ごしらえの時季になるとなお動きにくい。ということから、正月明けに講社の旅が広まったのである。とくに、山陰線や伯備線などの鉄道が開通した明治後期以降にそれが隆盛をきわめた。講社ごと車両を借りきっての参詣行であり、正月明けのほぼ一ヵ月はそれが続いた。それも、昭和前半の時代までのことで、以後はバスでの団体行に変わっていった。私たち高齢者世代が知るところの変化であった。

出雲参詣行を「奥参り」といったのも、鉄道の基点である岡山とか広島、山口からの方角を当てたものであろう。現在でも、旧正月の奥参りがまだ盛んである。

出雲には行かなくても、出雲大社の存在は広く知られていた。『古事記』にもとづく神話の世界の舞台という認知もあった。だが、それよりも、祭神である大国主神《おおくにぬしのかみ》が福の神として周知されていたのである。それも、一般には、「大黒《だいこく》さま」と呼ばれて親しまれてきたのである。

しかし、大国主神と大黒天の出自は異なる。大国主神は、葦原《あしわら》の中津国の国造《くにづくり》の神。大黒天は、密教（真言宗・天台宗）での曼荼羅《まんだら》の外郭部に位置する外来神（ヒンドゥー教のマハーカーラ）。それが、中世のころ習合したのである。呼称が重なる（大国を音読すると、ダイコク）、それも習合を助けたのであろう。

江戸の風俗事典として評価の高い『嬉遊笑覧』には、「大己貴命《おおなむちのみこと》を大国主神《おおくにぬしのかみ》とも申すを、『大こく』と称し、牽合したりとかや」とある。大国主神は、『古事記』に登場する出雲の国造である。大黒の出身は、密教曼荼羅《まんだら》でいうと、もっとも外郭の天部に位置する大黒天である。そのところでは、仏教の世界での地位も低い。それが、台所神として日本に導入された。そして、ほぼその読み合わせだけを接合点として、神話のなかの国造《くにづくり》の神（大国）、俗説のなかの福の神と習合もしたのである。

それは、さておく。

大国主神は、国津《くにつ》神《かみ》の代表格である。国土を治める偉大な神ということで、その尊称がついた。が、別名がいくつもあり、神格も一様でない。

たとえば、その別名として大己貴神《おおなむちのかみ》（大穴牟遅神）、葦原色許男神《あしわらしこおのかみ》、八千矛神《やちほこのかみ》、宇都志国玉神《うつしくにたまのかみ》、大物主神《おおものぬしのかみ》など。また、その神格としても、「因幡《いなば》の素兎《しろうさぎ》」の物語でよく知られるやさしさ（徳）がある一方で、妻の須世理比売《すせりひめ》がありながら高志《こし》（越）の国の沼河比女《ぬなかわひめ》に婚《よば》う不徳もある。そして、「国譲り」にあっても、天津《あまつ》神《かみ》の使者をことごとく討ち払ったり、自らの安鎮を保証する条件をだすほどのしたたかさを発揮しているのである。『古事記』を読むかぎり、福の神としての神格を強調するわけにはいかないのだ。

奈良の大神《おおみわ》神社の祭神は大物主神、武蔵の大国魂《おおくにたま》神社の祭神は大国魂大神、また能登の気《け》多《た》大社の祭神は大己貴神。それらは、大国主神か、その分身とされてもいる。

大国主神とは、いうなれば多能にして多重の性格を有しているのである。謎多き神なのである。それが、時代を経て福の神の神格を強め、大黒天とも習合した。また、もう一方で、ダイコク（大国＝大国主神）・エビス（恵比寿＝事代主神）と対で祀られるようになったのである。

それは、室町期の京都にはじまるとしてよい。たとえば、『塵塚物語』に、「大黒と夷《えびす》と対して、或は木像を刻み、或は絵に描きて富貴を祈る本主とせり」という記述がある。また、狂言でも「恵比寿大黒」が演じられるようになった。

恵比寿は、大国主神の子息、事代主神《ことしろぬし》とされる。そのところで、大国主神と対をなす福神となる下地はあった。そして、農業神（大黒）と漁業神（恵比寿）との一対に見立てられる下地もそこにあったのである。

しかし、なぜ彼方にあったはずのエビス（古来の表記では戎・夷）が恵比寿・事代主神になったのか、その根拠も乏しい。江戸期の広まりに相違あるまいが、文献上でも大国主と大黒天の複合ほどに明らかではないのである。

福の神信仰がさらに広まるのは、近世の江戸の町においてであった。たとえば、「七福神」の流行があった。

## 七福神は江戸の流行神

「七福神」は、江戸中期の江戸における流行神《はやりがみ》であった。

それは、宝船にそろって乗りこんだ絵図で一般に知られている。が、そもそもその宝船の絵柄は、一枚帆をあげた千石船であった。それは、北前船で知られるように、主に米俵の運搬に用いられた。

宝船の初期の絵柄も、比較的に単純なもので、米俵や財宝を積んでいる。七福神は、乗りこんでいない。やがて、松竹梅や鶴亀が加わり、めでたさを強調するようになる。そして、七福神がそろって乗りこむのである。

江戸の町では、正月二日の夜、この宝船の絵を枕の下に敷いて寝ると吉兆の初夢がみられる、という縁起かつぎが流行った。宝船の帆に「貘《ばく》」の一字が描かれているのは、悪い夢は貘に喰ってもらうという俗信が重なってのこと。「なかきよのとおのねふりのみなめさめなみのりふねのおとのよきかな」（長き夜のとおの眠りのみな目ざめ　波のり船の音のよきかな）などの文が添えられているものもある。これは、上から読んでも下から読んでも同じ読みになる回文という技法の歌で、正夢も逆夢も同じになるように、という縁起をかついだものである。

今風にいうと、イラストとコピー。誰がはじめたかはわからないが、庶民社会に流行を生む不変の手法というものであろう。

七福神の出自はまちまちである。七福神のほとんどは、異国の神である。

まず、大黒天《だいこくてん》に毘沙門天《びしゃもんてん》に弁財天《べんざいてん》。これは、真言密教でいう「天部」の諸神（仏）である。天部というのは、曼荼羅図（胎蔵界曼荼羅図）では、外郭部に位置する。その内側に「明王部《みょうおうぶ》」があり「菩薩部《ぼさつぶ》」がある。そして、中央に「如来《にょらい》」が座す。つまり、如来を最上位の仏とすれば、天部は最下位の諸仏なのである。

古代中国で曼荼羅が構成されたとき、その天部にはインドの諸神が配置された、とする。ちなみに大黒天はマハーカーラ、毘沙門天はクーベラ、弁財天はサラスバティーというヒンドゥー名と符合する。そして、彼らは、けっして穏やかな表情ではなく、むしろ現世に通じる喜怒哀楽の表情をもっているのである。

たとえば、大黒天は、インドにあっては三面六臂の忿怒相《ふんぬそう》の神で、髪が逆立ち、短軀《たんく》で色が黒い。古い経本によると、鬼神ともされるが、中国では寺院の食厨（食堂）に祀られてきた。日本にもそれが伝わり、密教寺院では庫裏《くり》に安置された。そして、広く台所の神となり、米俵に乗る福神と転身したのである。

毘沙門天は、武装神で、北方の方角を守る神とされた。日本に請来《しょうらい》されてからは、平安京が造営されたとき（八世紀末）、王城守護として羅城門《らじょうもん》上に安置されたことで知られる。また、都の北方に位置する鞍馬寺にも祀られた。

弁財天は、女神である。インドにあっては、「カーマ・スートラ」にみられるような豊かな乳房とくびれた腰をもつ肉感的な容姿であったが、中国に入ってからは唐風な衣装をまとうようになった。そして、琵琶を手にしてほほ笑むところから、伎芸の守護神となった。

その他に、寿老人《じゅろうじん》と福禄寿《ふくろくじゅ》。その名からして道教系の神である。また、布袋《ほてい》は、唐末の乱世に生きた伝説の奇僧とされる。それにしたがうと、痩身がふさわしいが、いつしかふくよかな姿態として描かれるようになった。そして、道教系の福神に編入された。

恵比寿《えびす》だけは、日本の神としてよい。「夷」とか「戎」、さらに「胡」「蛭子」など。必ずしもめでたい表字ではない。それは、海村にあっては漂着死体や巨怪魚を指したものだ、と伝わる。それを異形の神とみなす風習から、やがて漁業神ともなったのである。

時代を特定するのは、むつかしい。大ざっぱには文化・文政のころ（一九世紀はじめ）、というしかない。たとえば、文政六（一八二三）年にその前代をふりかえって書かれた『享和雑記』には、「近頃正月初出に七福神参りといふ事始りて遊人多く参詣する事となれり」とある。江戸も中期の流行としておこう。

ここでいう七福神参りとは、谷中七福神、下谷七福神、深川七福神など。それは、現在にも伝わる。

江戸は、当時では世界で最大規模の新興都市であった。大都市をなす基層文化は、皆無に等しい。同じ日本人であっても、言葉もしきたりも異なる人びとが混住する町である。身分や出自による住み分けが進む一方で、新しい規模のもとでのなじみあいも進むことになる。

信仰文化の面でいうと、そこに農山漁村での信仰をそのまま伝えることができない。特定の土地の守護神をもちこんでは、広く支持はえられない。まずは、「ものがたり」上の知名度の高い神仏、あるいは新たな「ものがたり」が構成できる神仏を共有して、都市において生じる願いごとを叶えてもらおうとしたことは、当然のことであっただろう。そこでは、伝統への固執はさほどに必要ではなかった。それを、先には「江戸仕様」といった。

七福神以外にも、いくつもの江戸仕様がある。

たとえば、稲荷の神。源流とされる京都の伏見稲荷神社では、祭神は宇迦之御魂《うかのみたま》の神であるが、豊受之比売《とようけのひめ》の神や保食《うけもち》の神なども同等神とみなされている。つまり、食物を司る神格をもち、一般には文字どおりに農業神として祀られてきた。それが、江戸に入ると屋敷神に転じ、さらには商業神にも転じた。それは、稲荷の神は、他の神のように勧請に複雑な手続きを要さず、個人勧請が容易にできたことがひとつの要因であった、と思える。

こうした「創作」ともいえる信仰現象が融通無礙に拡大したのである。それは、また日本における民間信仰の特色といわなくてはならない。神は八百万《やおよろず》、仏は万仏《ばんぶつ》。その習合も、ほとんど自在に行なわれた。流行神の出現も、くりかえしの現象であった。七福神巡りも、やがて各地に伝播をみることになったのである。

西国筋では、「七福神、回ってなんぼ」、と茶化しもした。たぶんに、いかがわしくもある。が、ほほえましくもあり、おかしくもある。

見事な仕掛けである、というしかあるまい。

## （四）大山詣でのみやげ話

### 落語の「大山参り」から

江戸の中・後期は、庶民の旅が発達した時代であった。とくに、「寺社詣で」を名分とした旅が発達した。なかでも、国の祖神《おやがみ》とされる伊勢神宮に詣でるという名分は、まことに有効であった。このことは、すでに述べたところだ。

伊勢神宮以外の寺社詣でも盛んであった。主だった集客地では、出羽三山（山形県）、善光寺（長野県）、金毘羅（香川県）、宮島（広島県）、出雲（島根県）などがある。

江戸からの「大山詣で」も盛んであった。そのようすは、落語の「大山参り」にも伝えられてきた。

寺社詣でという名分をもって旅に出た以上、往路にかぎっては禁欲的に精進もした。しかし、参拝をすませると、湯治や町見物などを楽しみ、「精進落とし」と称しては宴会をもった。宴会ばかりではない。男たちは遊廓で登楼することも定例化させた。

大山参りの帰路、神奈川宿へ泊まった一行が芸者をあげて酒宴に興じ、勢いあまって喧嘩もはじまる。そして、熊さんは酔いつぶれ置いてきぼりをくう――落語の「大山参り」は、それをいきいきと描写しているのである。

「帰りがけにな、藤沢に乙な女郎がいてよ、三日ぐらい俺ァ、居続けしちゃった。あァ、いい女ァいるぞ、おい、（おめえも）行きねえよ」

なんてんで、こういうのはもう女郎買いが八分、信心が二分というわけで……。

（三遊亭圓生『新版圓生古典落語3』より。以下も同じ）

その落語については、時代考証の資料になりうるかどうか、疑問を呈されるむきもある。が、私は、読み方を違えなければ、落語も資料たりうる、と思っている。

そこでの登場人物や彼らがおりなす滑稽な騒動には、創作が加わる。聴衆は、はなから非現実なものがたりとして聞いている。ところが、道具だてやしきたりについては、それを無視したり、創りかえたりすると、聴衆は戸惑うに相違ないのである。

今の時代には、そぐわないことも多い。が、歴史上の傍証でもある。寺社詣での帰路では、「精進落とし」なる慣行があった。たしかに、男たちの蛮行ともいうべき遊び。それが習慣化もしていた。

ここでいう寺社詣では、世界では巡礼ということになるだろう。およそ、世界の巡礼でその慣行はほとんどみられない。なぜ江戸期の男たちの旅はそうだったのか、と考えてみるところで、幕藩体制下の社会の特殊性もうかがい知ることができるであろう。

## 講中の旅と先達の周旋

落語「大山《おおやま》参り」は、江戸っ子連中が一〇人以上で団体旅行をしてくるようすを描いている。先達《せんだつ》（御師《おし》とも）がついているようすもうかがえるので、たぶん「講社」（講中）の旅であっただろう。

ふつう、講員は、講費を分担して積み立て、それを講の運営にあてた。寺社詣での講の場合の講費とは、すなわち旅費である。それを代参者が利用する。代参者は、輪番で毎年かわっていくので、何年か何十年に一度はかならず自分も行けるという方式である。

とくに、江戸の町人のあいだで大山詣でが盛んになった。その理由として第一に、大山が江戸に最も近い霊山であるという、地理的な関係がある。大山は、現在の神奈川県伊勢原市・秦野市・厚木市の境に位置する。ふつう片道が三日、遊興のための逗留日を加えても往復で六、七日、伊勢参宮や札所巡りに比べると、はるかに道中が簡単であった。

第二の理由として、先達の集客活動があげられる。

慶長一〇（一六〇五）年に大山寺に詣でた徳川家康が北条氏の取り巻きであった大山修験に下山を命じ、大山寺を聖僧の地とする宣言を行なった、という。それによって修験者は独自に加持祈禱を行ない生計をたてることになり、大山参りの集客や案内に専念することにもなったが、それが大山講の発達を促したのである（沼野嘉彦「大山信仰と講社」〔山岳宗教史研究叢書8『日光山と関東の修験道』所収〕による）。

講社も御師・先達も、各地で発達をみるが、ここでは修験者が介在することになる。その転換により、修験者の道場が宿坊となるのだ。一部の修験者は、先達にもなるのだ。つまり、修験者の世過ぎとして講社と講中宿が発達するのである。それは、年代は違うものの、羽黒山（山形県）でも御嶽山（岐阜県・長野県）でも同じであった。

御師は、おもに神社参りの先導。仏寺に派生した場合には、先達という。「大山参り」では、先達といっているが、御師と混同してつかわれてもいる。もともとは神仏習合の地、つまり修験の山にあっては、それも道理なのである。

御師の足跡が最も顕著だったのは、伊勢においてである。御師《おんし》（伊勢にかぎっての呼称）の数は、江戸中期には六〇〇から七〇〇家ぐらいの存在が類推できる、とは先述もしたところである。

大山の御師（先達）も、伊勢ほどではなかったが、とくに関東一円においてはもっとも勢力を誇るものであった。起源は別として、その発達は、町人文化の勃興や伊勢の御師の発展にあわせて江戸も元禄のころ、とされよう。江戸末期の万延元（一八六〇）年編とされる『開導記』によると、一〇九坊の御師の抱える信者数は、おもに関東から甲信越地方にかけて九一万九六九〇戸に達する、という（前掲の「大山信仰と講社」による）。

各講社は、いずれかの先達に属しており、講員は、その先達の手引きで登拝していた。

明治以降、近代交通の発達や地縁社会の再編などで御師・先達と講員の関係が薄らいでゆく。登拝も個人的に行なわれるようになると、御師・先達の活動も一般的には後退。そして、旅館業や飲食業、みやげ店などに営業項目が分かれてもいったのである。

それでもまだ、旧来の御師・先達と講社（檀家）関係が今日に続く例もある。なお、現在は、御師・先達という呼称は先導師と改められており、大山阿夫利《あふり》神社の奉賛団体として組合組織と化しているのである。

## デダチとみやげの今昔

ふたたび落語の「大山参り」——。

大山詣でをすませた一七人が金沢八景（横浜市）にまわって見物をし、そのあと江戸へ帰るのだが、前夜、神奈川宿で酩酊し正体をなくした熊さんは、頭を剃られたことに憤慨し、駕籠をとばして一足先に江戸に帰る。そして、他の者が金沢八景沖のお祖師様に舟で参るときに疾風《はやて》にあって遭難、供養のため坊主になった、と嘘をつく。そのあげく、涙にくれる仲間の女房衆の頭も剃って、全員で念仏を唱える。そこへ、何も知らない亭主たちが帰ってきて、また一騒動がおこる。

亭主たちの江戸帰りの場面で、圓生は、次のような一言を挿入している。

こっちは迎えの連中が品川まで来る。ここでちょいとあっさり飲んで、それから町内へ帰ろうというわけで……。

この一言は、噺の流れのなかではほとんど意味をもたない。が、江戸期における旅の習俗を考える上では、聞きすてならない一言となる。

ここで問題としたいのは、迎えの連中が品川まで来るという習慣である。講中の旅と仮定すれば、それはマチやイエからの代参でもあり、なかば公的な行事ともなっていた。ゆえに、その成就が留守をあずかる者たちから歓迎されたのである。

デムカエ（出迎え）があれば、当然ながら見送りもあった。それを、「デダチ（出立）」の祝い、といった。つまり、デダチとは、旅に出立する者を家族や親族、近隣の縁者が村境まで送っていき、旅の無事を約してそこで酒を酌み交わすという行事である。文化七（一八一〇）年刊の『旅行用心集』でも、その自序で「首途《かどいで》の日は親族盟友の徒《ともすがら》、其所の町はつれまで送行《おくりゆき》、酒宴を催し」とある。

落語「大山参り」では、デダチの慣行について具体的にふれていないが、江戸っ子の見栄をもってすると、相応に派手派手しいものであったことは想像にかたくない。たとえば、国芳「大山詣で高輪の図」をみると、旅姿で提灯を持った威勢のよい男衆たちが二組対峙している。掛け声の唱和なのか、口喧嘩なのか。白衣姿の講社の者たちは、「六根清浄《ろっこんしょうじょう》」の木札を持つ。向こうには掛け茶屋があり、そこには各講中の名札がかかっている。にぎやかな出発のようすである。

そのデダチとデムカエの習慣は、つい半世紀ほど前まではよくみられた。

たとえば、海外旅行の自由化がはじまったころ（昭和四〇年代後半）、空港でも見送りが盛んであった。「餞別」をもらって旅立つ光景もめずらしくはなかった。それまでの、船旅でもそうであった。船上（見送られる側）と岸壁（見送る側）の間に何本ものテープが結ばれており、船が出航するとそれが切れて風に飛ぶ。そうした光景を覚えておいでの方も、まだいるはずである。

すると、手ぶらでは帰れないではないか。「みやげ」買いの必然が、そこにも伝わっていたのだ。

以下、先述もしたところであるが、再度確認しておきたい。

みやげは、「土産」と書くのが一般化しているが、もとは「宮笥《みやけ》」であった。文字どおりにとれば、神社の笥《け》（瓦笥《かわらけ》のようなもの）を授かることがその原型だった、と想定できる。現在でも、それなりの体裁を整えて神社に正式参拝すれば、御神酒《おみき》の入った瓶子《へいし》と盃《はい》（原型は瓦笥）を授かる例は多い。それを神人共食の最も簡略なかたち（直会《なおらい》）とみることもできる。そして、代参である以上、御神酒は役得でいただくものの、盃は参拝の証明として持ち帰るべきものであった。

それが、のちに寺社詣での人数が増えるにつれて門前に土産品《どさんひん》を並べる商店が発達すると、総じてみやげと称されるようになったのである。

日本人の旅の歴史をかえりみるとき、みやげ買いはいかんともしがたい強固な慣習である、といってもよいだろう。そして、日本人のみやげとは、実利性よりも同じものを近隣に「分配」することに重きがあるのだ。そこに儀礼的なデダチへの返礼の意味がからんでくるのが、いかにも日本的な展開なのである。

現代は、旅が多様化。みやげの値うちも変わった感がある。みやげを渡す相手個々の顔を思い浮かべながらみやげを買う、そんな傾向が高まったのではあるまいか。折しも、観光ボーダレスといわれる時代である。それが国際的な標準だとすれば、私たち日本人のみやげ買いも国際化した、といえるだろう。

寺社詣でと講中、デダチとみやげ。今は昔のはなし、になりつつある、か。

## (五) 宮島では弥山登拝と七浦巡り

### 世界遺産の島

安芸の宮島(厳島)は、若い人たちの間でも知名の観光地である。広島の原爆ドームとついで修学旅行のコースになっているからに相違ない。

世界遺産(平成八〔一九九六〕年登録)の島でもある。登録されたのは、社殿を中心とする厳島神社と前面の海、および背後の弥山原始林(天然記念物)を含む森林区域(四三一・二ヘクタール)である。それは、宮島全域の一四パーセントを占める。

もとより、信仰の島であった。

厳島神社の創建は、社伝によると推古元（五九三）年と伝えられる。平清盛、毛利元就《もとなり》、豊臣秀吉、広島藩主浅野氏など歴代の有力者によって造営や修復がくりかえされた。現在の海上に鳥居をもち、壮麗な回廊造りの社殿様式は、他に類例をみないところである。

平清盛（一一一八〜八一年）が、この社の建立にたずさわったときの伝説がある。

島の神（女神）に、一日で建てることができたら妻になるよう約束をさせた。清盛自らも手斧《ておの》をもって木を削ると、その木片《はっ》がみな人に変じて何万人もの工匠が集まることになり、一日のうちに宮造りが可能になった。しかし、もう一息というところで日が沈もうとしたので、清盛は、日の扇をつくって沈みつつある太陽を招きかえして工事を成就させた。清盛は、島の神に約束どおりに妻になるようにと請うと、神は大蛇となって迫った。清盛は、驚いて、小舟に乗って逃げた。大蛇は、清盛を追う。音戸《おんど》の瀬戸まで逃げて潮祈禱《しおぎとう》（潮をにらんで呪文を唱える）をすると、潮は大蛇に向かって流れはじめ、大蛇は、清盛を追うことをあきらめたので、清盛は命びろいをした。

この話は、広島県の民話集・昔話集などの類にも載っているが、つい半世紀も前までの宮島では、祖父母が孫に語りついできたものだ。そして、俗に安芸音頭といわれる対岸一帯の盆踊り唄にも、「ここは音戸が瀬戸、清盛さまのにらみ潮とはここのこと」などと伝える。

宮島は、伝説の島でもある。そして、神の島でもある。

ただ、江戸時代にかぎっていえば、宮島は、俗なる「にぎわいの島」でもあった。

毎年三度は、歌舞伎の勧進興行が行なわれた。『芸州厳島図会』（天保一三〔一八四二〕年）には、「賑《にぎわ》いて西海《さいかい》第一の劇場《しばい》なること、世によくしる所なり」、とある。

また、遊廓もあった。『芸州厳島図会』には、「金鳥居《かなとりい》辻君《つじぎみ》の図」が載っており、そのにぎわいが描かれている。

魚市場もあり、とくに夏市（六月）はにぎわった、という。

そうしたにぎわいの装置系が明治時代になって一変した。神社神道を国是とするところで、下世話な遊所は一掃されたのである。そうして、私たちが知るところの修学旅行の名所ともなったのである。

## 管絃祭での漁船群

旧暦六月一七日には、厳島神社で管絃祭《かんげんさい》が行なわれる。

神霊を乗せての船渡御《とぎょ》が対岸の地御前《じごぜん》まで行なわれるのだ。そのとき、船上で管弦の楽《がく》が催されるのである。

それに何艘もの船が随行する。近隣の漁村から船が総出のにぎわいで、海を船が埋めつくすのである。

「管弦の御舟のあとさき、左右に群《むらが》り、地御前より附傍《つきそ》ひ、大鳥居の御池まで来るもあり。

或ハ鳥居の洲の両脇、又廻廊の上に侍《はべ》るもあり」

これは、元禄一五（一七〇二）年に板行《ばんこう》された『厳島道芝記』の中の一文であるが、現在の管絃祭のようすと大差がない。海上のにぎわいは、管絃祭ならではのこと。船渡御に漁船が大挙して随行する。漁民の信仰、いうならば「参船」である。

瀬戸内のほぼ全域からの参船である。「流し樽」での参加もある。海上安全を優先させて近年は後退しているが、かつては、その流し樽があちこちに漂っていたものである。小型の空樽に白い布旗を立て、そこに祈願者名を書いていた。もちろん、宮島に流れ着く確率はほとんどないが、漁民の信仰をそれほど広く集めていたのである。

しかし、厳島神社の祭神をもって漁業神というわけにはいかない。

そこでの祭神は、市杵島姫命《いちきしまひめのみこと》・田心姫命《たごりひめのみこと》・湍津姫命《たぎつひめのみこと》。二羽の神鳥《しんう》の先導によってこの島に降臨した、と伝わる。その立地からして、海上守護の性格も有したが、この女神たちは、『古事記』によると、須佐之男命《すさのおのみこと》が姉神天照大御神《あまてらすおおみかみ》と誓《うけい》（呪術的な行為）をしたとき、天照大御神が須佐之男命の十拳《とつか》の剣《つるぎ》を乞いとって三つに折って化生させた胸形《むながた》（宗像）三神である。須佐之男命が姉神天照大御神に対して乱暴狼藉を働いたかどで高天原《たかまがはら》を追放される前のことで、高天原でのできごとであった。

その胸形三女神であるが、地上に降っての神格は、なお明らかでない。それは、ともかくとして、ここに漁民・漁船が集まる。厳島神社がすでに海上守護の神として崇められるようになってから久しいのである。

しかし、ここで、漁民の信仰について別な視点で考えてみたい。

日本では、漁民も「山」を神聖視する。三陸沿岸部での室根山信仰、志摩地方での青峰山信仰、瀬戸内海沿岸での象頭山（金比羅）信仰など。それは、海上を操船するときの目印であるとともに、海上をも照らす神霊の宿る御山《おやま》でもあった。とくに、山からの清水が河川をなし海に注いだところが格好の漁場となる。その至近にして急峻な日本独特の地勢が、そうした御山信仰を漁民集落にも根づかせたのであろう。

ならば、宮島でも御山（弥山《みせん》）に注目しなくてはならないのである。

## 弥山と修験信仰

弥山（五三五メートル）は、厳島神社の後背に位置する。

そのところでは、神社の鎮守の森をなしている。しかし、歴史的な展開をみると、厳島神社とともに大聖院との関係が濃い。むしろ、大聖院との関係が濃い。

宮島は、幕末までは神仏混淆の島であった。厳島神社の守護寺ともいうべき大聖院と大願寺が共存していた。現在も両寺が存在するが、以前は神社の祭礼に寺院の僧侶が参列するのが慣行だった。現在《いま》は、そのかぎりでない。

大聖院は、真言宗の寺院であるが、境内に三鬼大権現社をもつ。三鬼大権現とは、追帳鬼《ついちょうき》神《しん》・魔羅鬼神《まらきしん》・時眉鬼神《じびきしん》のことで、弥山の守護神として祀られているのである。民間では、三鬼神は天狗である、といい伝えてきた。恐ろしくもあるが、霊験あらたかな「山の神」。民衆は、ある種の親しみをもってそれを崇めた。

そうした天狗伝説は、修験信仰にも通じる。つまり、修験（山伏）が山中修行のなかで、さまざまな神仏を観想したり魍魎《もうりょう》に出会ったりしたとする体験を語り広めたことが大きく作用しているのである。

事実、弥山は、修験たちの行場であった。それは、『芸州厳島図会』などに「院」や「坊」が付く小堂や宿坊が数多くでてくることからも明らかである。

とくに、頂上近くに建てられている求聞持堂は、密教道場として足利義堂が発願してつくられたもので（現存の建物は、平成八〈一九九六〉年に再建）、百ヶ日百万遍行に籠る僧侶や修験があとをたたなかった、と伝わる。

明治初年の神仏判然令による神仏分離（廃仏毀釈《きしゃく》）から、そうした入山修行も後退する。御山《おやま》の伝説は、なお長く伝えられることになった。記録、絵図もだされている。とくに、絵図の描写が精密である。それによっても、安芸地方では、漁民も農民も、宮島が身近な聖地であるという認知を広く共通してもっていた。そこでは、厳島神社の存在はいうまでもないことであったが、弥山という御山の存在が大きかった。それが相まったところで、より濃密な民間信仰を集めた、とみなくてはなるまい。沖を漁船が通るとき、かぶりものをとって拝する例も、いわゆる和船時代まではみられたものである。

近代以降は、信仰心の薄い登山者にも開放されてきた。が、まだ、自然をよく残している御山といえるだろうか。

### 七浦巡りと杓子祈願

「山」とともに、「浦」も信仰の対象になった。島ならではの両立である。

宮島には、代表的な七浦があった。

もっとも古い紀行文として『高倉院厳島御幸記《ごこうき》』(治承四〔一一八〇〕年)があるが、高倉上皇や清盛一行が島を離れる前日に浦々を巡って拝したようすが書かれている。それを七浦にかぎってのこと、とまではいえないが、浦を巡る信仰がすでに古くからあった、という確証にはなるだろう。

江戸時代の記録では、「御師《おし》」の案内で巡る定番ができていたこともわかる。もちろん、小船に乗って巡り、浦では上陸もしてそこに祀られる神に詣でるのである。

厳島神社から東(右)廻りに、杉之浦・鷹巣浦・腰細浦・青海苔浦・山白浜・須屋浦・御床浦。これを、俗には「七浦恵比寿巡り」という。ただし、それぞれの神社の祭神は、それぞれに別々。漁民は、自分の舟で自由に巡る。その漁民たちの信仰が相乗しての俗称であることは、いうをまたない。信仰の大衆化、とはそういうことをいうのであろう。

ただし、現在、七浦巡りを希望する観光客は少ない。時間を細かく区切っての旅行では、したくてもできないのが道理だ。

一方で、信仰の大衆化は、摩訶不思議な奉納物を広めることにもなる。絵馬がそうである。千社札がそうである。そこには、銘々の祈願が託されることになる。とくに、伊勢参宮や札所巡りが大衆化した江戸時代にそれが流行った。

宮島では、杓子《しゃくし》がそうである。

杓子は、盆とともに宮島の木工品として知られ、観光みやげともなっている。しかし、江戸期の文献には、木工品では楊枝《ようじ》の記述が先行する。たとえば、一月四日には、厳島神社で楊枝献上の儀式があった。「楊枝は白箸《しらはし》なり」（箸の代わり）として一年の日数分だけ奉納するのである。

杓子は、大小さまざま、神社に近い千畳閣に奉納されている。あるいは、大願寺の弁天堂に奉納されている。

杓子には、小絵馬と同様に、祈願文と願主名が記される。かつては、祈願文には「五穀豊穣」と「家内安全」が常套句であったが、現在は銘々にさまざま。そして、願主名は干支《えと》が必需で以下は男なり女なりを記すものであったが、現在は堂々と実名が書かれている。ここにかぎったことではないが、奉納物からは時代の変遷が垣間みられる。

古びた杓子には、明治の年号が記されている。そこには、「武運長久」の祈願文がみえる。どうやら、杓子祈願の流行はこのあたりにはじまる、とみるのが妥当であろう。「敵を召（飯）とる」の語呂合わせ。時代とともに、信仰が遊戯化もするのである。

いかにも、融通無礙《ゆうずうむげ》なる、いうなれば八百万《やおよろず》信仰の日本らしい現象とみてよいのではあるまいか。

それだけではない。かつては、ここに芝居町があった。遊廓があった。江戸期の絵図には、それが詳細に描かれている。

もとより、「神の島」である。人びとは、対岸に住居を構え、島に通った。やがて、近世のころ、島に町並みができた。それでも、不浄を嫌って、出産や葬儀は対岸で行なってきた。なのに、色ものの街区が許容されたのである。それが、また多くの来島者を誘ったであろうことは、想像にかたくない。ここにも、日本ならではの門前の特異な発達のあとがみられるのである。

むろん、現在の宮島は、色ものとは無縁の島。古い町屋を利用してのカフェやケーキ店などが点在もする。さて、幾度《いくたび》もの変化変遷をみてきたであろう島の神々は、片仮名看板の出現をいかにおぼしめされようぞ。と、問うてみたいところである。

## （六）富士登拝行

## カミが火を吐く山を鎮める

富士山が世界文化遺産に登録（平成二五年六月）されたことは、まだ記憶に新しいところである。

それは、「信仰の対象」と「芸術の源泉」の両面に対する評価であった。「芸術の源泉」とはなじみの薄い言葉だが、とくに葛飾北斎や歌川広重らが富士山を描いた浮世絵などがヨーロッパの美術界にまで影響を及ぼした、という評価である。が、それは二義的なものとして、ここでは「信仰の対象」に注目する。

富士山は、日本の霊山・霊峰を代表する存在なのである。日本人の「オヤマ信仰」（山岳信仰）を象徴する存在なのである。

たとえば、新幹線の車窓から富士山の美しい山容が眺められるだけでも、多くの人たちが気分を和らげるのではあるまいか。それは、御山のもつ神々しさに対しての、私ども日本人の畏敬の念の伝統といってもよかろう。とくに意識せずとも共有するがゆえの、信仰という「文化」なのである。

いうまでもなく富士山は、成層火山である。火山活動をくりかえしてきた。文献資料にみる記録は、八世紀にさかのぼる。人びとは、それを畏《おそ》れ、鎮火を念じて、カミを祀った。そのカミがのちの浅間大神《あさまのおおかみ》である。一般にはセンゲンと読み伝えるが、正式にはアサマと読み、古語では火山を表した。そして、浅間神社が創建された。

伝承によると、はじめは山麓の山宮の地（静岡県側）にあった。つまり御山を南から遥拝するかたちにあった。本社が現在地（富士山本宮浅間大社）に勧請されたのは、九世紀はじめである。

貞観六（八六四）年にまた大噴火。朝廷が関与して、甲斐（山梨県側）にも浅間大神を祀る社が設けられた。現在の富士御室浅間神社につながる、とされる。

なお、河口浅間神社と北口本宮富士浅間神社もあるが、これらは、鎌倉街道の開通と往来にそったものであっただろう。いずれにしても、古代・中世のころにおいての富士山は、噴火を畏れて遥拝する対象であったのだ。そのところでは、世界各地の火山伝説、すなわち原初信仰に相通じるところがある。そこでは、噴火そのものがカミの怒りや嘆き、とみなされていたのである。

### 修験の入峰は一二世紀ごろから

富士山への登拝は、修験者（山伏）・行者にはじまる。

修験道は、役小角《えんのおづぬ》（七世紀末）を開祖とする。ゆえに、小角をして役行者《えんのぎょうじゃ》と呼ぶ。もとは葛城山に住む呪術師であり、生駒山《いこまやま》・信貴山《しぎさん》・熊野山地などが聖跡とされる。が、そうした伝説は、後世に山伏たちが語って歩いたからで、役行者の伝説は全国各地に広がっているのである。

ところが、富士山には役行者伝説はない。噴火をくりかえしていたところで、山伏たちの入峰の時代が遅れたからに相違ない。

たとえば、南麓の村山口に興法寺（現在の村山浅間神社）が開かれたのが、一二世紀中ごろ。以来、ここが山伏たちの拠点になり、登拝道の起点となった。

甲斐側の拠点は、現在の富士御室浅間神社。ここには、走湯山《そうとう》（伊豆山）で修行した覚実覚台坊が造立したという日本 武 尊《やまとたけるのみこと》像と女体合掌の神像が伝わる。その銘から、一二世紀末には登拝拠点になっていたことが明らかとなる。

その山伏たちの多くは、登拝するだけでなく、中腹に堂や坊をつくってそれぞれの行場とした。そう推測するのは、他の例からみてもたやすい。しかし、それを明らかにする文献資料は乏しい。

一二世紀以降、大規模な噴火がなかったことがさいわいであった。大災害におびえながらでは、いかに山伏たちといえども入峰修行はできなかったであろう。そうして、富士山は、人を拒絶しない御山にかわっていくのである。

**登拝の大衆化は一五世紀ごろから**

一五世紀になると、御師《おし》が登場する。

御師とは、道者（一般の登拝者）を勧誘して案内する者である。自らが修験（山伏）である場合とそうでない場合があるが、後年は後者の方が多くなった。宿坊（道者坊）経営も行ない、いうなれば旅行業化していくのである。

記録上は、一五世紀末ごろから登場する。富士山本宮浅間大社や北口本宮富士浅間神社の門前に御師の館（宿坊）が建ち並ぶことになった。そのようすは、「絹本着色富士参詣曼荼羅図」（室町末期・富士山本宮浅間大社所蔵）にも描かれている。

そこでは、俗界と山内《やまのうち》と御山《みやま》の三つが描きわけられている。俗界には、駿河湾が描かれ、船が往きかっており、人びとが働いたり旅したりしている。山内には、社殿や堂宇が描かれている。富士山本宮浅間大社や、御室大日堂などである。つまり、遥拝の装置群であり、聖地への入り口であるとすればよい。山内、つまりは山口でもある。御山の山頂部には、太陽と月が描かれている。俗界に対しての浄界である。

よくみると、御山に向けて登山道があり、そこに白の行衣姿の人びとが描かれている。これを、御師に導かれての道者とみる。もちろん、そこでは、解脱《げだつ》を求めての、なお限られた人たちの登拝行だったであろう。

それが、より大規模に大衆化するのは、江戸も中期のころ（一七世紀）をまたなくてはならなかった。江戸を中心に関東一円で「富士講」の発達をみるのである。

富士講の祖は、一〇六歳で死ぬまで富士山に籠り、観想行法を生んだ藤原角行とされる。そして、その弟子筋にあたる村上光清と食行身禄《じきぎょうみろく》とされる。北口本宮富士浅間神社の境内

（登山口）の祖霊堂には、この三人が祀られているのである。

その祖師たる彼らの弟子たちが、里に下り、祖師たちの行場を巡る登拝を誘ってまわった。ここに、霊場巡りが物語化されるのである。旧来の御師たちも、それにのるかたちで信者集めに奔走することになった。

たとえば、「下妻檀那帳」には上州（群馬県）三〇ヵ村の信者が記されているが、正保（一六四四〜四八年）のころに増えてくることがわかる（山岳宗教史研究叢書『富士・御嶽と中部霊山』に所収の大森義憲「富士の御師」）。

全国的にみると、伊勢参宮に代表される寺社詣でが隆盛をきわめるのが社会・経済の安定をみる元禄（一六八八〜一七〇四年）のころ。それに先がけて、ということでは、富士講に対しては禁止の町触れもでた（前掲書など）。それが、元禄以降は、他に準じてお構いなしとして富士登拝の流行をみるのである。

江戸でのそのにぎわいを「江戸八百八講」という。もっとも、実際は一〇〇あまり。というのは、「百八講印曼荼羅」（天保一三〈一八四二〉年）などが残るからである。

「月も日も富士は一仏一体に　皆三国を照らす御鏡」
「富士の山あらそうことも言うことも　登りてみれば顕れにけり」
「躰内を出てたすかる此乳房　皆父母の御恩なりけり」

これは、富士講の「拝《おが》みうた」の一例である（館山市立博物館展示図録『富士をめざした安房の人たち』より）。各講中ごとに文句（歌詞）が違っていた、というのだ。富士講の祖のひとりである身禄がうたったという理にかなった文句もあり、いつ誰がつくったかわからない怪しげな文句もある。御詠歌のようなものだが、信仰の大衆化とはこうしたものか、と思えばほほえましい。

富士講のにぎわいは、関東大震災（大正一二〔一九二三〕年）のころまで続いた。

## 登山の多様化と文化遺産の保護策

明治政府が成立してからは、富士山信仰の神道化が進んだ。山域のところどころに祀られていた仏像の多くが撤去され、堂宇は神社に改められた。

その一方で、信仰とはほとんど無関係に登山する人たちが増えた。とくに、東海道本線の開通にともなう御殿場口登山道の開設（明治一六〔一八八三〕年）からは、登山者が急増した。そして、以後も増え続けた。

昭和四（一九二九）年には、富士山麓電気鉄道が開通、昭和二七（一九五二）年には船津口登山道へのバス路線が開設。また、昭和三九（一九六四）年には富士スバルラインも開通した。五合目は、富士山銀座といわれるほどに開かれた。現代は、多様な観光登山が楽しめる時代になっているのは周知のとおりである。

一方で、五合目までの旧登拝道をたどる人は、ほとんどいなくなった。

さて、世界文化遺産に登録された富士山である。

じつは、そこには六項目の「勧告」がついているのだ。このことを知る人は、少ないのではなかろうか。

たとえば、上方の登山道の収容力の調査研究に基づく来訪者管理戦略の策定、下方斜面における巡礼路の特定、そして、来訪者に対する顕著な普遍的価値の伝達・共有のための情報提供戦略などである。つまり、富士山への娯楽的な登山を認めながらも、いかに「信仰の対象」としての価値を持続していくかの課題である。その対策を講じるように、世界遺産委員会から求められているのである。

それを今後、いかに実行していくか、それが問題だ。私たちは、日本人としての文化度をあらためて問われているのである。このことを、重く受け止めなくてはならないだろう。

# 第五章　今は昔の旅人たちの「たつき」

## （一）香具師・テキヤ

### フーテンの寅さん

「フーテンの寅さん」は、国民的英雄的な存在として知られる。もちろん、映画のなかの虚像にすぎないが、それがなぜか私たちの郷愁をそそる。ということは、寅さんの設定が、ある程度の現実性をもっているからである。

寅さんの職業は、ヤシ（香具師）である。テキヤ（的屋）ともいう。

はじめの作品では、それが明らかではなかった。寅さんを演じる渥美清さんの提案によって、次作からその設定がなされた。渥美さんは、終戦直後の混乱期に、上野〜御徒町《おかちまち》間の通称アメ横（東京都台東区）によく出入りをして、香具師のタンカバイ（口上売り）を聞き、興味をもった。その脇で、古着や古本のタンカをメモする熱心さだった。その体験から、旅まわりの香具師を思いついたのだ。

さあ、寄ってらっしゃい見てらっしゃい。
私《あたし》のダチ公の万年筆工場がはかなく倒産と相なった。女房、子どもを抱えて身投げ寸前。
それを止めた私が残りの万年筆を預かったしだいです。
一本で〇〇円、二本で〇〇円。万年筆よりも人助け。三本買ってもらったら、もう一本おまけをします。
ご当地だけの内緒値段です！

以後の作品には、そういったタンカが時どきにおりこまれている。それも、ほとんど渥美さんがつくったものだ、という。

この話は、山田洋次監督から聞いたので、確かなところである。

ついでながら、寅さん（渥美さん）の原風景ともいえるアメ横であるが、現在では表に食料品の販売店が並ぶが、実際には貴金属・宝飾品関連の製造・卸し・販売の業者が多い。その界隈で三〇〇軒もあるとか。東京の名所のひとつともなっている。

戦後の焼野原のヤミ市からはじまったことは、知る人ぞ識るところだ。そこは、ノガミ（上野の別称）のヤミ市と呼ばれていた。それがアメ横と呼ばれるようになったのは昭和二二（一九四七）年の秋ごろから。飴屋が多かったからとも、進駐軍放出物資のアメリカ製品が多かったから、とも伝わる。

食糧品をはじめ、あらゆる品物を持ち寄って青空市場がひらかれていた。文字通り焼土の上にゴザや新聞紙をひろげて品物を並べて売った。落花生、スルメ、ふかし芋、うどん、そば、サツマ揚げ、鉄板の上でうどんや鰯などを焼いて売っているものもあれば、隣では、ブツ切りのネギに醤油をちょっとたらしただけのスープを〝ネギ汁〟などと称して売っているもの、水をべに色に混ぜて、少々甘味をつけ〝甘水〟と称して売ったり、〝にこみおでん〟などは空ッ腹を強烈に刺激した。上野ヤミ市にはなんでもないものはなかった。

（塩満一『アメ横三十五年の激史』より）

そこでは、古着や古本や骨董品なども商品であった。そして、それを香具師たちが言葉巧みに売りさばいていたのである。

**ヤシは個人、テキヤは集団**

ヤシ（香具師）は、テキヤ（的屋）とも呼ばれた。では、どう呼び分けられてきたか、だ。

両者とも、旅まわりの露店商人である。おもに高市《たかまち》（まつりや縁日での露店市）を巡り歩き、薬種や乾物《かんぶつ》、衣類やはきもの、玩具や楊枝《ようじ》などを売る。そのとき、タンカ（口上）や独楽《こま》まわしや居合芸《いあい》などをもって客寄せをはかったのである。

その存在が明らかなのは、江戸期である。

江戸中期以降の文献では、一般的に「香具師」と表記される。しかし、香具師をもってヤシと呼ぶのは、いかにも無理がある。当然、それ以前は別の表記であった、としなくてはならない。そのことについて、たとえば、『守貞謾稿』（嘉永六〈一八五三〉年）には次のように記されている。

矢師　商人、一種の名。製薬を売るは専らこの党とする由なれど、この党にあらざるものあり。この小売りの内種々あり。路上の商人多し。

文久元年、この党のものに遭ひてその大略を聞き、もって追書す。矢師は仮名にて本字野士なり。字のごとく野武士等、飢渇を凌《しの》ぐ便りに売薬せしを始めとす。

（喜田川守貞著　宇佐美英機校訂『近世風俗志（一）「守貞謾稿」』より）

ここでは、「野士」をヤシの語源とする。矢師よりは野士の方が適当である、とする。なお、別の文献で「薬具師」という表記もでるが、その使用例は稀である。いずれにしても、売薬行商にもとがあることは明らかだ。

歩いて旅をする場合、荷物は最小限にまとめるべきであった。しかし、行商人である以上、商品が要る。そうした場合の商品は、当然かぎられてくる。かさばらず重すぎず保存がきいてどこでも付加価値を付けて売れる必需品であることが条件となる。そのうえ、行く先々で資本をかけずに補給できるものでなくてはならない。そうなると、薬品類がもっとも有利な商品となるのである。

ヤシの源流が野士（薬師）にある。ということは、彼らが職能神として崇めてきた「神《しん》農《のう》」の存在からも明らかになる。神農は、もとをただせば中国の神話にでてくる農業神であるが、日本に渡ってからは本草神として存在意義を高めていった。たとえば、大阪の道修《どしょう》町（中央区）は、現代に至るまで薬品問屋街としてよく知られている。その守護神は少彦名《すくなひこな》神社であるが、一般には「神農さん」と呼ばれて親しまれているのである。

やがて、「香具師」と書いてヤシと読むようになる。いわゆる香具師文書といわれるものが出てくる。そのなかで、比較的信憑性の高いのは「商人帖頭衆」（享保二〇〔一七三五〕年）と「香具師一件」（万延二〔一八六一〕年）であろう。その文中、諸国商売往来の「十三香具」について公儀より許可を受けた、とある。

十三香具とは、両書で若干の違いはあるものの共通するところでは、居合《いあい》抜き・曲鞠《まり》・独楽《こま》廻し・覗《のぞき》見物・軽業《かるわざ》がある。これらは愛嬌芸で、「薬歯磨」を売るのが本業、とある。さらに「懐中掛香具」「諸国妙薬」「辻療治薬」と続く。そうした主流品からしても、ヤシの源流が売薬行商にあることに疑いをはさむ余地はあるまい。

それが、ある時代から、香《こう》（香具）の類があわせて売られるようになる。檀家制度（檀寺・檀家関係）が広まるのが元禄（一六八八〜一七〇四年）のころからとされるので、そのことが関係もするだろう。香具が流行商品ともなった。そこで、それを売り歩く者に「香具師」なる表記がなされるようになったのだ。

ヤシの組織化が進むのも、江戸中期からのちのことである。

その語源については二説ある。ひとつは、矢的（あるいは射的）が大道での花形商売になったころ、それが商人の呼称に転じた、という説。テキヤ社会では、言葉の音を逆さにして符丁とするのが通例であるから、ヤテキ、あるいはシャテキがテキヤとなることに不思議はない。もうひとつは、一方にヤシという古称があり、あるとき広くヤシ的な者をまとめて的ヤシとし、それが縮まってテキヤになった、という説である。

ヤシたちの旅商いは、高市に露店を出すにしても軒下を借り受けて立売りするにしても、厄介事が多かった。地元の人たちとのいさかいもあれば、商人同士の軋轢《あつれき》もある。ということから、ヤシの連合と高市の運営の取り決めができていったのだ。それは、必然の自衛手段というものであっただろう。

たとえば、文久三（一八六三）年の「諸国香具商人中ニ相渡置五ケ条定」には、一年に一度は親分方へ立寄ること、規定に背いた者とは仲間づきあいをしないことなどが取り決められている。これは、現在までのテキヤ一家組織にもそっくり伝えられている内容である。つまり、そのころ、その組織化と制度化がなった、とみるべきなのである。

そして、そのころの江戸を中心として人気を呼んでいた営業が、小屋掛けの矢的（射的）だったのである。

なお、ヤシとテキヤという呼称は、さほどはっきりとしたつかいわけがあるわけではない。ただ、概してヤシは個人を相手の呼称、テキヤは一家組織の呼称とされる傾向がある。また、農山漁村でヤシと呼ばれる傾向が、都市部でテキヤと呼ばれる傾向が強いようだ。それは、都市部において、よりテキヤの組織化が必要であった、ということであろう。

## テキヤ衆の旅での不文律

私は、おもに昭和五〇年代を、テキヤ衆の旅まわりに同行しての聞きとり調査に費やした（それは、『わんちゃ利兵衛の旅』で報告している）。

そのころ、すでにテキヤの移動は、トラックやワゴン車が主流になっていた。商品だけでなく、炊事用具や寝具まで積みこんで移動する者もいた。七輪でスルメを焼きながら酒を飲む、そんな夜に話を聞くことが多かった。

一方で、チッキ（鉄道貨物）で往く先の駅に商品を送って、そこから商品をなじみで借りた町家の軒下に運び、そこで商売をした者も残っていた。隠居住いで家族に遠慮しながら話してくれる老人もいた。

社会的に、けっして正当な評価を受けていたわけではない。単独では、他処者《よそもの》のうさんくさい商人、とみられがちだった。そのために、その土地のテキヤ一家に挨拶を通し、高市《たかまち》（露店市）のなかでの露店《みせ》を割ってもらい、地元との軋轢《あつれき》を未然に避けなくてはならなかった。

そのときのアイツキ（挨拶の口上）が大事であった。

「私、生国《しょうごく》を申しますれば、〇〇でございます。親分は、〇〇一家の×××。若輩の儀をもちまして、姓名は×××。お高うございますが、以後お見知りおかれまして、お引き立てのほどお願いいたします」

そうした挨拶がきちんとできて、一人前。そのアイツキの出来しだいで、露店の位置が動いたりしたものであった。

同業者間での義理がけも大事であった。

たとえば、メンチョウ（帳面）。誰々が病気で十分なバイ（商売）ができずに困っている、というようなメンチョウ（奉願帳）がまわってくる。すると、断われない。そこに、つきあいの深浅による金額と氏名を記入しなくてはならないのである。

なかでも、バヒハルナ・タレコムナ・バシタトルナは、絶対厳守であった。バヒハルナは、バイヒン（売上金）をごまかすな、ということ。タレコムナは、ダチ（仲間）を売るな、ということ。そして、バシタトルナは、ダチの女房に手をだすな、ということである。それは、とりもなおさず、お互いにビタ（旅）を安全に円滑に行なうための約束事というものであった。不文律ながら鉄則というものであった。

近年、といっても経済の高度成長期以降の平成の時代、高市の様相も変化した。テキヤ衆が疎まれることになった。ひとつには、いくつかの理由が重なって、ヤクザ（博徒系）と混同されてみられだしたからである。「テキヤは有職渡世、ヤクザは無職渡世。テキヤは、ヤクザとは違う」といった老テキヤ衆の声も、一般社会には届かないままで過ぎた。一部、ヤクザがテキヤの商業圏へ進出することをも許すことになった。

現在《いま》、旧来のように地元のテキヤ一家が仕切る高市に全国からテキヤ衆が集まる、そんな高市が少なくなった。テキヤ衆の旅は、「フーテンの寅さん」とともに消えていった、といってもよかろう。

## （二）渡り職人

**「渡り」で箔付け**

商人は、商品をもつ。一方、職人は、技術をもつ。かつて、職人の技術を「手職」といった。手職もまた、旅稼ぎを可能とした。

たとえば、料理人がそうである。包丁一本を持って修業の旅に出ることを歌う流行歌（『月の法善寺横丁』）があったごとくにである。

その歌詞のとおりに、修業のためという方便もたつ。事実、旅先で働いた店やそこでの親方が箔《はく》付けとなることもあった。とくに、調理師学校ができて調理師免許が容易にとれるようになるまでは、そうした箔付けが大事だったのである。

さまざまな事情で定住しきれない人が、その手職をたよりに旅に出る。それを、俗に「渡り職人」といった。行商人と同じで、得意先をもち、それをつないで歩く。ただ、職人にかぎって「渡り」という。行商人には、その呼称を冠することをしない。なぜだろうか。

その「渡り」とは、「渡る世間」に通じるだろう。「渡世《とせい》」に通じるであろう。ということは、行商における得意先と比べると、さらに広い行動範囲をもつことを意味する。行商は、商品をもつ。一般的に、その商品を補給する場所が特定される。魚の行商であれば、それは行商人の居住地（漁村）にほぼ限定される。それを日々仕入れて売るとなると、得意先の範囲もおのずから限定される。つまり、「日立て」行商となるのである。

もっとも、往《い》く先々で薬草を採集しながら加工もして売りさばくヤシ（香具師）などのように、その得意先を延ばしたり広げたりして旅をする例もある。香具師の旅でも、しばしば「渡世」という言葉をつかう。たとえば、アイツキ（挨拶）で「渡世の義理をもちまして、御当地にご厄介になります」などと名のる。それほどに、行動圏が広いのである。ただし、これを渡り商人とはいわない。

手職を持つ職人は、もちろん得意先ももつが、その範囲をどこまでも広げることが可能である。ただの流浪ではない。得意先をたどっていくのだ。あるいは、得意先に乞われて足を延ばすのだ。それを「渡り」とすればよいだろう。一方で、渡り職人を流れ職人ともいった。それは、得意先をもたない旅まわりの職人のこと、と解釈することもできる。

渡り大工、渡り鍛冶《かじ》、渡り木挽《こびき》などという呼称もある。自身がフィールドワークという旅に年間の半分以上を費やした民俗学者宮本常一（一九〇七〜八一年）は、渡り鍛冶について以下のように述べている（『庶民の旅』＝以下、筆者が要約）。

大正時代までは旅する渡り鍛冶が少なくなかった。渡り鍛冶が多かったのは、河内《かわち》（大阪府）であった。一人で渡るのではなく、弟子を同行させるのは向う槌《づち》を打たせるためであった。そして、地方を歩いているうちにそこに住みついて、そのまま鍛冶屋となる者もあった。先祖が河内からやってきた、という村の鍛冶屋の話を聞くこともあった。明治になって、呉（広島県）や品川（東京都）に海軍工廠ができたり、東京や大阪に砲兵工廠ができると、そこに集まって職工になる者も少なくなかった。明治の中ごろには、そうした最前線の工場でも、技術さえあれば渡り職人でも採用されることがめずらしくはなかったのだ。

現代では、一般に渡り職人に出会うことが少なくなっている。それで、一所不定のうろんな職人、とみがちでもある。そうだとしたら、それをここでは改めておきたい。技術をかわれて、そこに定住する者も少なからずいたのである。

## 詐欺師まがいの「渡り」

私がフィールドワークで聞きとった印象深い渡り職人は、「新窯喰《しんがまくい》」である。

昭和五四（一九七九）年に岐阜県多治見市の窯場で二人の古老から聞いた話である。それは、磁器づくりの職人の旅であるが、けっしてほめられた話ではない。が、時代を反映してのおかしな話なのである。

自動車が通じる前の時代である。鉄道は通じていても、駅から遠い山地の村々での話である。そこには、磁器が十分に普及していなかった。磁器は体積《かさ》ばって重いうえに割れものであるから、人力での運搬には限度がある。しかし、磁器の有用性は、十分に知れわたっていた。辺境に住む者には高嶺の花というものであったが、それだけに欲してやまないところがあった。

その時代は、ヤシ（香具師）も磁器を扱ったものである。ペケ品と呼ばれた等外品を、口上巧みに売った。それに惑わされて、あるいは、それがペケ品であるのも承知で買う人も多かったのである。

磁器は、硬質で白素地《きじ》。そこに染付け（青色系）がたやすく、艶釉薬《つやぐすり》をかければ発色も美しくなる。さらに、その上に上絵付け（赤・黄・緑・金など）が可能で、模様が多様となる。繊細な絵付食器となれば、漆器や陶器よりも有用な器とされる。そのことは、現在の私たちの食膳や食卓が証明しているとおりである。

その上等な磁器をたずさえて、美濃から職人が渡ってきた。私が実際に確かめたのは、長野県の清内路村《せいないじ》(現在は阿智村)。そこでも話が聞けたし、窯跡で焼き損じた破片も確認できた。

その職人は、春先にやって来て、村一番の分限者《ぶげんしゃ》の家に寄宿した。その家の持ち山に良質な磁器原料があるので、窯元になって儲けてはどうか。と、言葉巧みに口説いたところで客分となったのである。

磁器の原料は、石英・長石・カオリンを含有した岩石粉であるが、白素地を呈するには酸化鉄の含有量が微量(三パーセント以下)でなくてはならない。元和二(一六一六)年に肥前有田(佐賀県)で磁器が焼かれだして以来、各地でその焼成が試みられたが、そのほとんどは酸化鉄の含有量がため白素地が得られずに廃窯せざるをえなかった。さほどに、磁器の焼成はむつかしかった。

美濃の職人による清内路村におけるそれも例外ではなかった。窯を築き、村内の若者数人を雇い、磁器生産の準備をすすめた。轆轤《ろくろ》作業と染付作業は、その年のうちに緒につけた。が、冬が来て雪が積もる。そうすると、作業ができなくなる。坏土《はいど》(原料)が凍《し》みたり、轆轤で成形した器形の内部の水分が凍って割れたりするからである。寒冷地での冬の間は、休業するしかない。その職人も、そのことを計算ずみのことだったのではあるまいか。

渡り職人は、旦那（雇い主）から信頼を得て優遇され、冬を過ごす。そして、春を迎えると、成形作業を本格化し、窯を空焚きして湿気を除く。そして、夏がきて初窯。染付けだけの磁器だが、祝儀ものの左馬《ひだりうま》を染付けた。その作品が残るが、焼きが甘く、素地も土色がかった白褐色、染付けの筆さばきも鈍い。試作とはいえ、お世辞にも売りものとはいいがたい磁器もどきである。それでも、ご祝儀相場がついた。器形が歪んだ皿や染付けの線がにじんだりぼやけたりした碗までが近辺の村々に売られているのである。

次は、より白くより美しい器が焼ける、と誰もが期待した。その職人は、さらに優遇された。そして、それまでにもまして若者たちを熱心に指導した。

やがて、秋。若者たちは、それぞれの家での農作業に忙しくなる。窯焚きは、また冬を越すことになった。そのとき、一年半前に渡ってきた職人は、いとま乞いをするのである。あとは、教えたとおりにすれば商品価値の高い製品が焼ける。そういって、そこまでの報酬を得て去っていくのである。

もちろん、そのとおりにいくはずがない。若者たちの技術は、あまりにも未熟すぎた。というか、渡ってきた職人そのものが、半端職人だったのだ。かくして、その窯は、廃絶の憂きめにあうのである。

新窯喰とは、そうした詐欺師まがいの渡り職人のこと。が、ここで、良し悪しは問うまい。そのところにおいては、うさんくさい渡り職人も少なからずいただろう。旅をたつきとするのは、定住して暮らしを営むよりも裏が深い、といわざるをえないのである。

## (三) 旅芸人と木偶まわし

### 水曜日に来る琴の先生

私的な体験をふりかえることを許していただきたい。

私は、吉備高原上の農村に生まれ、中学生までそこで過ごした。バスが通じたのが小学校の一年生のときであるから、それから二、三年たったころからの話である。もう、半世紀以上も前の話になる。

毎週水曜日の昼休みになると、近くのバス停に出て、町から来るバスを待つ。中学生になると弟と代わることになったが、小学生の時は私の役目となっていた。

そのバスで、「琴の先生」がやってくる。私の家を宿にして、その日の午後、何人かの女子に琴を教える。そして、その夜は、私の家に泊まり、翌朝のバスで帰っていくのである。「琴の先生」は、目が不自由であった。したがって、バス停から我が家まで、小学校の校庭を横切るかたちで私や弟が案内を担当したのである。しかし、かといって、「琴の先生」の手を引く必要はなく、先生は杖をつきながらほとんど自力で歩いていた。私たちは、窪みやぬかるみがあるところで声をかけて補助すればよかったのだ。

そのころで五、六十歳。小柄で坊主頭、着物をきちんと着こなし、夏も冬も白足袋で下駄。のちに時代小説を読むようになったとき、私は、検校《けんぎょう》という言葉から直ぐに「琴の先生」を連想したことだった。

「琴の先生」は、いわゆる手がかからない人であった。我が家に慣れていたからでもあるが、風呂も便所もひとりで使っていた。むろん、着替えも食事もそうだった。

好奇心も旺盛で、聞き上手であった。私が中学校で野球部に入ったときは、野球のルールについて一時間以上も質問しながら、そのつど点字で記録をとってもいた。その姿を、現在《いま》も懐かしく思い出すことがある。

私たちは、とくに目が不自由だからということで「琴の先生」を特別視することはなかった。それは、私たちにとっても幸せなことであった。

余談が少々長くなった。

ここでいいたいのは、目の不自由な人たちが箏《そう》（琴）の演奏者として自立をはかっていたことである。

よく知られるところでは、宮城道雄（一八九四～一九五六年）がいる。宮城道雄は、兵庫県神戸市生まれ。十七弦の発明者としても知られる。『雨の念仏』などの随筆により文筆家としての評価も高かった。宮城検校ともいわれた。夏目漱石の弟子であった内田百閒の一連のエッセイのなかにも何度か友人として描かれている。聡明で闊達な、そのところでの自由人であったようである。

その伝統は、さかのぼって江戸時代の八橋検校や生田検校、山田検校にはじまる。平安時代以降、中国伝来の箏は、主として雅楽の管弦合奏に用いられていた。それを、江戸時代になって、彼らが三味線や歌ものと結びつけて箏曲《そうきょく》の独立をはかったのである。そして、現代にも通じる生田流や山田流が生まれた（以上は『日本を知る事典』による）。という歴史からすると、箏の演奏は、検校以下、目の不自由な人たちが従事しやすい系譜、ということができる。

それは、いうなれば箔付きの歴史である。箏の演奏者は、目の不自由な人たちのなかでは恵まれていた、ともいえる。しかし、家元然として弟子を集める人たちばかりではなかった。「琴の先生」のように、宿をつないで歩き、細々と月謝を稼いでいかざるを得ない人たちもいたのである。

いささか乱暴なくくりにはなるが、これも旅まわりの芸人とみてよいのではあるまいか。

## 高市を巡る大道芸人

旅まわりの芸人も、さまざまである。その代表的な存在に、大道芸人があった。

近世以降で明らかなところでは、独楽《こま》まわし・蝦蟇《がま》の油（居合い術）・首掛け芝居（傀儡系）・鳥追い（女太夫）・猿曳き（猿まわし）・一人狂言・大黒舞などがよく知られる。江戸の風俗事典とされる『守貞謾稿』（嘉永六〔一八五三〕年）には、五〇もの芸種が紹介されている。両国巡礼とか六十六部、乞胸《ごうむね》とか非人など路上の往来人まで含まれているのですべてが大道芸人というわけではないが、それにしても相当な数の芸種があったのである。

もっとも古くは、傀儡《くぐつ》に代表される旅芸人であろう。歌に合わせて、あやつり人形を舞わせた。とくに、中世を代表する旅芸人である。女性の傀儡（傀儡女）は、ときに売色でも稼いでいたところから、クグツがのちに遊女の別称ともなった。とくに、女性の旅芸人の場合、それが事実であろうがなかろうが、売色兼業とみられがちであった。もっとも、近世に遊廓が制度化される以前のことである。

芸種に違いがあるが、師弟関係を基に組織化が進んだ事例もある。近世における越後の角《かく》兵衛獅子《べえじし》のごとくにである。

そこでの芸は、それが単独で稼ぎとなるものもあった。一方で、多くは呼びこみ芸というものの発達もみた。それで客足が集まったところで、商品を売るのである。ポンチ絵売りや蝦蟇《がま》の油売りのごとくにである。

旅芸人も、露店商人と同じように高市《たかまち》を巡る。その土地土地のテキヤ一家にアイツキ（挨拶）を通し、その場所を割ってもらうのが慣例化していた。それが、戦後（第二次大戦後）しばらくまでは続いていたのだ。

彼らには、高市ではいちばん外れのゴイバと呼ばれる場所が割り当てられた。ケリコミからホンドバへ、それから神社や仏寺へ、そしてホンドバからゴイバへと人は流れる。つまり、ゴイバは、末場（露店から外れたところ）である。帰り支度の人の足を止められるかどうか。そこで、稼げるかどうか。その芸が厳しく試されるところであった。

サーカスも、現代では企業化しているが、元はゴイバでの曲芸であった。とくに、日本独特の足芸は、ゴイバ芸がそのままサーカスのなかに移され伝えられ、日本のサーカスの特色をになっているのである。

経済の高度成長期（昭和四〇～五〇年代）のころ、大道芸の多くが衰退した。旅芸人の伝統が後退した。たとえば、テレビやテレビ演芸の普及。たとえば、多様な商品の流通。大道芸をおもしろがる客層も減少したのである。時代の変化、というしかあるまい。

### 新年を言祝ぐ門付芸

もうひとつ忘れてはならないのが、門付芸である。これも、経済の高度成長期以降、ほとんど見ることができなくなった。

「門付け」とか「門打ち」といわれる祝福芸。とくに、正月から春先にかけて家々を巡って演じられるものである。

早池峰《はやちね》神楽（岩手県）に代表される権現《ごんげん》舞、太《だい》神楽（三重県）に代表される獅子舞、それに三河万歳（愛知県）、木偶《でく》まわし（徳島県）、猿まわし（山口県）など。それは、ただ新春を言祝《ことほ》ぐ（寿ぐ）だけでなく、除災招福の祈禱をともなうものであった。

正月から春先にかけては、農閑期である。そうした門付け（門打ち）の芸能の多くは、農民の副業であった。太神楽や三河万歳のように、江戸への出稼ぎから常打ちの寄席《よせ》芸に転じる例もあったが、他は農村で派生して伝承されてきたものである。もともとは、その行動範囲もさほど広くはなかっただろう、と思える。行商にたとえれば、「日立て」に近かったのではあるまいか。

私がもっとも興味をもって話を聞いたのは、津軽三味線での門付けである。

といっても、初代高橋竹山から聞いたのでなく、そこに弟子入りして、やがて二代目を継いだ竹山さんからのまた聞きであった。しかし、その情景は、十分に想像できた。

初代竹山は、二、三歳のころに麻疹《はしか》をこじらせて目が不自由になった。一五歳のころからボサマ（盲人の三味線芸人）に付いて門付けに出た。やがて、一人で回るようになる。一軒一軒「門をかけて」（門付けをして）金や米を貰って歩く。その日その日食べるのがやっとで、宿に泊まる金もなく、海辺の船小屋や農家の物置小屋に寝ることもしばしばあった。主として北海道を廻り歩いた。夏は野宿に近くてもなんとかなったが、北海道の冬は寒さが厳しすぎて、どうにもならずに引き戻すことになった、という。

そのころの門付けの旅の辛さを初代竹山はのちにこう述懐してもいる。

あわれなもんであったナ。あのころは。天気好いば村にだれも人いないいし、海さ舟出してみんなで漁してるのを見ながら、ただブラブラ海辺の道を歩いてたんだ。今晩の宿どごにあるべかと思いながら。心細いもんであった。一人で歩いて、話相手もない。旅館あったって、金ねえから泊られねえ。一晩一円も一円何十銭もとられる旅館にどして泊られるって。一日歩いてもなんぼももらわえねえ。

（高橋竹山『自伝　津軽三味線ひとり旅』）

門口に立って三味線を弾く。玄関の戸を開けてくれないことには稼ぎにならないので、強い音を出さなくてはならなかった。ボロ三味線でも、手がかじかんでも、叩きつけるがごとく弾くのが門付け芸というものであった。

結局、竹山が門付けで歩けたのは、二二～二三歳（昭和六～七年）のころまでであった。このままでは死んでしまうと思ってやめた、という。

その後、竹山は、一時鍼灸師をして生計をたてていたが、再び三味線の世界へ戻っていった。昭和四〇年代に各地で演芸会が隆盛、それとともに民謡人気が高まり、津軽民謡も全国的に知られるところとなった。そこでの三味線需要も増えた。やがて、竹山は、「労音」や「民音」での公演を中心に活躍。その魂の演奏が広く人びとの心をとらえ、津軽三味線の第一人者として頂点をきわめたことは、周知のとおりである。

「芸は身を助ける」、といった。

それは、必ずしも旅稼ぎをいったものではないが、かつては芸人の旅も多かった。おおむね好意的に受け入れられたものだった。

一方で、「芸が身を助けるほどの不仕合《ふしあわせ》」、ともいった。

いくら芸があって糊口《ここう》がしのげたからといっても、旅では辛いことも多い。とくに、頭《ず》を高くしては旅稼ぎは成り立たない。卑屈なまでの土地土地への迎合が世すぎの術というものであった。それでも、ときどきに疎《うと》まれもしたし蔑《さげす》まれもした。

「芸に下手も上手もなかりけり、往く先々の水に合わねば」、という言葉も伝わる。これは、じつに重い響きがある。現代、それを切実に伝える事例は、日本ではおそらくあるまい。しかし、これをもって芸能の原点・原理といえるのではあるまいか。

## 阿波の木偶まわし

旅芸人には、二通りがある。ひとつは、高市《たかまち》（露店市）を巡る大道芸人。もうひとつは、新春を言祝《ことほ》ぐ門付芸人があるとした。

日本経済の高度成長期がはじまるころまでは、全国各地でそれがみられた。とくに、娯楽が少なかった時代の地方では、旅まわりの芸人たちは、おおむね好意的に受け入れられてもいたのである。

しかし、旅まわりでは辛いことが多い。芸能を披露する代償として米や銭をもらう。それは、当然のことで、ただの物乞いではない。が、そこでの関係は、対等ではない。

土地土地への迎合が、彼らの世すぎというものであった。が、そこで慣れあいすぎると、ときどきに疎《うと》まれたり蔑《さげす》まれたりもした。一所不在を通さざるをえなかったのである。

そこが、その往く先に移住や定住もありうる渡り職人との違いであった。とくに、門付けの芸人は、そうした傾向にあった。

現代にもそれを伝える文化財として「木偶《でく》まわし」を取りあげることにする。「まわし芸」とでもいおうか。ここでは詳しくはふれないが、まわし芸の一方に「猿まわし」がある。そのところでも、両者は、人の芸だけではない特異な芸能なのである。そして、その芸能の出自にも共通するところがうかがえるのである。

阿波の「木偶まわし」は、「箱まわし」ともいわれる。

箱の中に木偶（人形）を入れて、それを天秤棒で担ったり大風呂敷でくるんで背負ったりして門付けにまわったからである。また、その箱を演台として、大道でも木偶まわしをしたからである。

その木偶まわしを行なう人たちの本拠は、現在の徳島市（西南部）、三好市（旧三好町）のあたりにある。明治はじめのころには、二〇〇人を超える人たちが徳島県下や香川・愛媛県下、さらに中国地方各地にも門付けに出ていた、という（辻本一英氏談）。

## 傀儡系の恵比寿まわしと能楽系の三番叟まわし

その阿波の木偶まわしには、二つの系統がある。

そのひとつは、恵比寿まわしである。これは、徳島市西南部を本拠としていた。人によって、その語りが違う。義太夫節もあれば、めでたづくしの歌謡調もある。二人で一組が多かったようである。その場合は、ひとりが合いの手を入れながら鼓を叩く。

たとえば、夫婦での恵比寿まわしでは、以下のように滑稽に唱える。

まずは　めでたや　まずは　めでたや　西の宮のえびす三郎が　福徳元年正月三日　とらの一天　まだうのくにから　やすやすやすと　ごたんじょなされた　なされどっこいなされた　なされた日にはとうしょ繁盛氏子こどもや　ようけ集まる。（中略）大鯛小鯛をやっとこどっこで　釣りあげた　この鯛こそはと　もとの御殿へ　お帰りあれば　港港は宝の入船　おおくその後は世の中繁盛　お家も繁盛　この家繁盛　福はこの屋へ　おさまる御世こそめでたけれ

（小沢昭一『日本の放浪芸』より）

この一節は、小沢昭一さんが阿南市（徳島県）に住む老夫婦から昭和六〇（一九八五）年

前後に聞き取ったものである。しかし、すでにその実演は廃れていた。

この恵比寿まわしについては、中世系の芸能者である傀儡《くぐつ》（傀儡師）を祖とする、という説がある。

傀儡は、「歌に合わせて舞わせるあやつり人形。また、それをあやつる芸人」（『広辞苑』）である。その傀儡たちの古跡地が西宮神社（兵庫県）のあたりであった。その石碑も建つ。また、境内社の百太夫神社は、傀儡たちが祀り信仰を伝えた、ともされる。そして、その祭礼には、恵比寿まわしが奉納されてきたのである。

しかし、阿波の恵比寿まわしが、そこにどうつながるのか、阿波にどのように伝わったのかは、明らかでない。

もう一方には、三番叟《さんばそう》まわしがある。これは、旧三好町を本拠としていた。そこを本拠とするようになったのは、江戸時代に藩が藩内に散っていた木偶まわしの芸人たちを集めて定住をはかったから、という（辻本一英氏談）。周囲から特異な集団とみられるようになったのも、それからであろう。

阿波の木偶まわしとは、一般的にはこの方が知られている。その人数も、恵比寿まわしの倍も、それ以上もいた。

三番叟まわしとは、千歳《せんざい》、翁《おきな》、三番叟の人形からなる祝福芸である。これは、中世系の猿《さる》楽《がく》（のちの能）にちなんだもので、はじめは三番猿楽といっていた、と伝わる。はじめに、父尉《ちちのじょう》（のちの千歳）が露払い役を演じ、次に翁が「どうどうたらり」という呪文歌で舞い、最後に三番叟役が鈴の舞で祝う。常磐津では「祝言式三番叟」、義太夫では「寿式三番叟」となる。それが、木偶まわしにも転じて伝わるのである。

トートートータラリアガリ　タラリーヤ　チリヤタラリアガリ　タラリーヤ　ところは千代まで　おわしましょうや　われら千秋　さむろうや　鶴は亀のよわいにて　さいわい心にまかしたり（中略）滝の水はれいれいと波おだやかにおちてゆき　あしたの日の入るまで諸事御祈禱なり　あじ原や　あじ原や　われは謎の翁と申す　千秋万歳喜の舞を一舞まおう　おおさいや　よろこびや　このところの式三番　ほかへやらじと思う　ああめでたや（中略）色の黒きこの蔚は　めでたき舞おさむること　何よりもって　いとやすう候　太夫どのには　もとの御座に　御直りあって候　めでたき舞のひと手を　はやし給われたく候　かしこまって候　しからばめでたき鈴をまいらせ候　アーラ　優雅ましやなー（略）

（小沢昭一『日本の放浪芸』より）

なお、阿波の三番叟には、恵比寿まわしが加わって四体の木偶まわしが伝わってきた。正月から春先までは、銘々が檀那場とする村々、家々を門付けをして巡る。おもに、その家の荒神《こうじん》や水神を拝み、五穀豊穣・家内安全を祈禱する。要請があれば、鍬初《くわぞめ》の場や漁の解禁日での三番叟まわしを行なうこともあった。

春までの門付けが終わると、木偶まわしの芸人たちの多くが、芝居興行に出る。それぞれが阿波や淡路（兵庫県）にある人形座に属しており、そこで人形浄瑠璃を演ずるのであった。

門付けにあっては木偶まわし、小屋にあっては人形浄瑠璃、阿波は「人形の国」であった。

## 女性が受け継いだ木偶まわし

この阿波の木偶まわしは、経済の高度成長期から廃れはじめた。ひとり木偶まわしにかぎらず、津軽の三味線や越後の瞽女《ごぜ》、周防の猿まわしなども同様で、門付芸が成り立たない時代がきたのである。

もっとも、戦争中もそうであった、とみるむきもある。

戦争と賤視《せんし》と高度経済成長がもたらした環境の変化に翻弄されての結果だ。人形を川に流して廃業した芸人も多い、という（辻本一英「生きている三番叟まわし」、『まほら』一〇〇号に所収）。

ここで、「生きている」といっているのは、ひとりの女性がそれを受け継いだからである。

中内正子さん。旧三好町の出身である。平成一一（一九九九）年に、最後の三番叟まわしといわれる老人に弟子入りをして、三年間、門付けに同行した。そして、その芸技と檀那場を受け継いだ。のちに、もうひとりの女性南公代さんが加わった。

大晦日、中内さんたちは、地元の神社に三番叟まわしを奉納する。それから、門付けの旅に出る。おもに、吉野川上流域の村里。とくに、女性二人の門付けになってからは、家々でより歓迎されるようにもなった。女性ならでは、とはいえないが、映像で比較してみると、芸態が洗練されて華やいでもいる。

伝統的な門付けだけでなく、イベントへの出演要請も多い、という。

そうした彼女たちを親身になって応援してきたのが、辻本一英氏である。その地名を冠した芝原生活文化研究所（阿波木偶箱まわし保存会）を主宰、中内さんと南さんもそこに所属する。

私は、辻本氏ともお二人の女性とも懇意とするが、何よりも木偶まわしの伝統を尊んで取り組んでいるのが好ましい。「人形が好きだから」、と中内さんがあっけらかんと笑う。

とくに、辻本氏が、それを学問（徳島県下におけるマイノリティ文化）として真摯に取り組んでいることが尊い。そこに、肩肘張っての思想をもちこまない。愚直に文献と人形類を集め、古老から聞取り調査を行なってきた。その成果として、「阿波木偶の門付け用具」が国の登録有形民俗文化財となった。また、第四回水木十五堂賞などの受賞となった。

何よりも、私がうれしく思うのは、徳島阿波おどり空港に到着して出口に向かうとき。正面の壁一面に木偶を持った中内さんと南さんの笑顔（写真）が出迎えてくれることである。徳島を代表する伝統文化としての正当な評価にほかならない。先祖代々、何代もかけての良き結果だ。同慶のいたりである。

## （四）博労渡世

### 博労はムラの稼ぎ頭

坂本長利さんの一人芝居「土佐源氏」を三月三一日（平成三〇年）に観た。七月一日にも観た。これまで、何度観たことか。何度観ても、飽きることはない。

坂本さんの「土佐源氏」は、今回で一一九七回。おそらく、一人芝居ではギネス記録に相当するだろう。が、坂本さんは、淡々として回数とか顕彰とかに興味を示さない。御年が八九歳、さすがに素顔や体型は年齢の相を感じさせるところもあるが、舞台に上るとまったく別人となる。坂本さんによると、「土佐源氏の爺さんと同じような歳になったところで、ラクに演じられるようになった」とか。そして、「若いころは思いもしなかったことがみえてきた」ともいった。

「みえてきた」ことのひとつは、その時代の博労《ばくろう》（馬喰）渡世の社会的な地位である。

原作の『土佐源氏』（『宮本常一著作集　10』に所収）は、民俗学者の宮本常一が収録した元博労の色ざんげである。昭和一六（一九四一）年、四国山地の檮原《ゆすはら》（高知県）を訪れたときに、橋の下の小屋に住む盲目の老人からその半生を聞き取った。それを、ほとんどそのままに文章化したのだ。それを、またそのまま坂本長利さんが一人芝居に仕立てたのである。

「儂《わし》らは、人間のクズじゃ。人をだまし、だまし、牛を売り買いする。世間では、儂らの言うことを博労口というての、信用はしてくれん」

宮本常一の『土佐源氏』については、創作が加わっているのではないか、とする批判もある。が、私は、その批判は当たらない、と思う。断言したい。

というのは、宮本常一は、自分なりの速記技術をもっていたからである。私が宮本に師事したのは昭和四〇（一九六五）年のことで、以後の数年間はフィールドワークに何度か同行することになった。その最初のころ、宮本が聞き取る後ろでノートに筆記することを命じられた。笑い声や咳払い以外の相手の話を一字一句漏らさずに書け、と命じられた。そして、その晩、宿でそれを添削されることになる。そのとき、片仮名で横書き、行間（一行）をあけて書くことを教えられたのだ。片仮名の横書きがもっとも手早く間違いも少ないこと、後で行間にその場の情景を書き加えること。それが、のちに文章を起すときに役立つことを教えられたのである。

宮本常一のフィールドノートは、第二次大戦下での空襲によって焼かれてしまったが、

『土佐源氏』の聞き書きもそうした片仮名書き、一行アキのものだったに相違あるまい。もっとも、それは、話を聞いた後、宿で書いたものだっただろう。その日の聞き書きをその晩に整理しておくのも、宮本ならではの流儀であった。

話が横道にそれた。

主張したかったのは、宮本が聞き取ったその話に創作は加わっていない、ということである。ということは、元博労の老人の話に嘘はなかった、ということである。

そこで、あらためて注目したいのが「博労口」という言葉である。

四国山地だけでなく、中国山地でもつかわれていた。私は、備中（岡山県）は吉備高原上の農山村で、博労を生業としてきた人たち三人からその半生を聞いたことがある。そのときは、『土佐源氏』をとくに意識してのことはなかった。そこが、私の郷里であり、博労を多く輩出していたからである。昭和四〇年代のことであるから、宮本が土佐山中で聞き取りをしてから四半世紀も後のことであった。

私が「博労口」という言葉を意識したのは、私の家に親しく出入りしていた老夫の忠告があったからである。「博労口というほどに口八丁の連中だから、本当の話が聞けるかどうか。やめておいた方がよろしかろう」と。深くつきあうには好ましくない人種、とまでいったのである。

なぜ、そこまで嫌われるのか。まだわからなかった。同じ農村社会でのことである。耕地をもっていて、半分は農業を営んでいる者も少なくない。ムラ内の行事づきあいも対等にできている。そのところでは、他処者《よそもの》ではなく、むろん差別の対象でもない。なのに、嫌われてもいるのである。

やがて、その仕組みが私にもわかってきた。大胆に極言しておこう。

「士農工商」という身分制度があった。江戸期のことであるが、その意識が以後も農村社会には潜在していたのではないか。都市社会では商人も多い。身分制度とは別に、その人口比からすれば商人を異端視することはできないだろう。しかし、農村社会での日常的な商業活動は限られているのである。皆無、といってもよい。行商人は、他処《よそ》から入ってくるのである。

古くは、米との交換であった。したがって、そこでは農民の方が優位にある。とくに、秋口に行商人が多くやってきた。米の収穫期であれば、農民の気分も開放されていて、ふだんより多く商品がさばける。そこで、秋に集中する行商人をして、「秋人《あきんど》」といった。ということを、柳田國男が『都市と農村』で指摘している（『定本柳田國男集　第一六巻』に所収）。秋人は、あくまでも他処者であったのだ。

その農村社会で、博労は、それぞれの得意先を定期的にまわって商業活動を行なってきたのである。そして、農村社会では、比例をみないほどの稼ぎをあげてきたのである。

「博労御殿」といわれもする豪邸を建てた者もいる。そして、牛馬市が立つ街では「博労三《ざん》昧《まい》」といわれもする、飲む・打つ・買うにふける者もいた。それを、他に稼ぎの少ない農民たちは、けっして好意的にはみなかったのである。

当然といえば、当然の構図であった。

## 博労は「曖昧渡世」か

「土佐源氏」に以下のような語りがある。

「百姓というのは、ほんとうに偉い。儂らが、この牛は小そうて弱いからロクには育つまい、と思いながら預けたのが、次に行ってみると丈夫に育っとる。手塩にかけて、立派に育ててくれとる」

これも、土佐山地だけの話ではない。中国山地にも吉備高原にも通じる。

つまり、博労《ばくろう》は、牛の飼育を農家に委ねるのである。これを、鞍下《くらした》牛とか預け牛、借り牛とかいった。

その制度は、農家にとっても利便があった。その牛を預かって飼っている間は、労役に使えたのである。

かつては、何よりも田を犂《す》くのに牛が必要であった。また、荷物を運ぶのにも牛が必要であった。とくに、西日本の農村ではそうであった。ちなみに、関東や東北では、馬がよく使われたが、これは、アラブ種に代表される大型の馬の出現をまたなくてはならない。その歴史は、さほど古くはさかのぼれないのだ。そのところで、牛の飼育と使用の歴史は古いのである。

博労の腕のみせどころは、どの牛をどの農家からどの農家へ動かすかの判断である。一般的には、若くて足腰の強い牛を山地の農家に預ける。それから順次、高原から平地へと降ろしていく。老牛は、平坦な土地での労働。そして、最後は、港に近いと場に連れていく。現在《いま》でこそ銘柄牛《ブランド》が評価されるが、かつては、そうしたと場から都市に向けて牛肉が出荷されていたのである。

博労は、牛の一生を管理するのである。それぞれの牛を、その状況ごとに移籍させるのである。鞍下料（貸し賃）をとる例はあったが、預ける農家への飼育料は払わない。大地主がいれば、小作人への貸し牛として、まとまった数の牛を売りもした。そこで、農家相手の「博労口」もでてくるのである。

あるいは、牛市での取り引きでの駆け引きが試されることになるのである。もちろん、競売《せり》が主な取り引きとなる。が、博労同士の直《じか》の売買も盛んであった。古くは、それが主流でもあった。「袖《そで》の下」とは、そのとき、互いに袖の内で指数を確かめながら値段を決める慣習をいったものである。

かくして、代々が並みの暮らしを是としてきた農村社会では、博労は異端の存在であったのである。

私が話を聞き取ったKさんは、私の祖父世代の人で、当時は老夫婦二人の暮らしであった。けっして立派とはいえない、草葺屋根の平屋住まいであった。それは、隣村から移住してきて建てた家であった。

博労に弟子入りし、博労で人生の大半を過ごした。高梁（高梁市）の牛市を中心に一〇里四方を牛を追って歩いた、という。

「儂は、商才がなく、このとおりの暮らしで過ごしたが、仲間内の多くが出世した。Aさんも、Bさんも、Cさんも、石州瓦で総瓦葺きの立派な家を建てている。けど、ほんとうに出世したものは、おらん。村や町の議員やお宮の総代になる者は、おらんのじゃ。跡継ぎが家を守っておるのも、ほとんどないじゃろう。

ほんに、博労は、はかない一代の仕事じゃった。耕運機や軽トラが出まわってくると、さっさと用なしになった。肩身をせまくして世間を渡ったわけではないが、博労渡世と威張れるもんでもなかったのう」

そうなのである。「博労渡世」という言葉も、方々で耳にした。博労たちが、よくつかっていた。それは、やくざ渡世や芸人渡世と同様の名乗りであろう。一所不定でないまでも、常住者とはいえない立場が「渡世」となる。とくに、農村社会に身を置きながらの博労は、曖昧渡世とでもいうしかないのではあるまいか。

## (五) 廓で働いた人たち

### 中村遊廓という世界

すでに、遠い過去の話である。が、昭和三二（一九五七）年の売春防止法の施行で廃絶した。「遊廓」なる街区があった。が、もうほとんどが鬼籍に入っている。そこで働いていた人たちも、もうほとんどが鬼籍に入っている。

もう四〇年以上も前のことになる。昭和五二年五月、たまたま時間があって名古屋駅の西側（駅裏）を歩いていたとき、まことに異様な町並みに入り込んでしまった。目の前に、一般の民家や商家よりひとまわりもふたまわりも大きな建物群があった。全体に黒々とたたずんでいる。

いずれも入母屋造りの木造総二階建で、いぶし瓦葺き。もっとも大きな建物の間口は一〇間（約一八メートル）、奥行きは五間（約九メートル）もあろうか。一階の通りに面した窓には格子がはめられ、二階の窓は、欄間のような切込みに橙色や緑の色ガラスをはめ込んだ手摺《てすり》がついている。建物の中央には威風堂々とした太鼓屋根の玄関。奇妙なことに、そうした建物には、看板や行燈などの表飾りがほとんどみられない。

そこが、中村遊廓の街区であった。

折しもそこで、かつての娼家《しょうか》「成駒屋《なりこまや》」が取り壊されているところに出くわしたのである。

私は、遊廓に残る生活用具に興味をもち、解体屋に無理矢理頼みこんで、内部を見せてもらった。そればかりか、時間はかかったが、廃棄処分寸前の約八〇種、四六〇点の民具を収集することができたのである。

収集した民具は、一点一点を計測し、写真撮影をして、形態や素材の特徴、用途や使用年代、使用者、所有者などのデータを収蔵カードに記入するのが通例である。だが、成駒屋の民具の場合、当然ながらその所有者からしてわからない。情報がなければ追跡するしかないのだ。

そこで、再び中村に足を運んだ私は、幸運にも中村遊廓の他の娼家で働いていた元仲居の「お秀さん」という老婆と出会い、かつての遊廓のようすと、そこで働いていた女性たちの話を詳しく聞きとることができたのである（それは、『遊廓成駒屋』で報告している）。

そのお秀さんが働いていた往時の娼家。仲居の呼び込みに引かれて、客は玄関のたたき（土間）に立つ。

たたき正面の壁には、娼妓の全身、あるいは顔だけを撮ったモノクロの看板写真がずらっと並んでいる。客は、その写真を見て気に入った相方（娼妓）を選び、帳場で登楼の手続きをすませて部屋に上る。

遊廓には、客の登楼時間を線香ではかる習慣があった。いちばん短い客で八本。これを、一寸間《ちょいま》といった。一寸間は、ふつう一時間以内と考えられるので、そこから計算すると、一本の時間は、だいたい七分前後になろうか。が、そんな計算は意味がない、とお秀さんは言ったものだ。実際の一寸間は二〇分から三〇分。つまり、線香の本数を数えることは、いわば符丁に等しい帳面上の形式で、実質は当時すでに形骸化していた。実際の時間は、時計を併用してはかられ、それを帳面上、割のよい本数で表記してあったのだ。

ちなみに、中村遊廓には「廻し」がなかった。廻しとは、一人の娼妓が同時に二人以上の客をとって、順に客の相手をしていく接客システムである。関東の遊廓では廻しが通例であり、その場つなぎのために「太鼓もち」（男芸者）がいたのである。

さて、遊廓のしくみは、何事によらず娼妓たちにとって理不尽な部分が多かった。その最たるものが、買い物の不自由さであろう。

楼主は、商売上必要最小限の衣装と小道具類、それに三食の食事以外は娼妓に与えなかった。そこで、彼女たちは、日常に要する他のもの一切を、楼主と通じた持込み行商から買わざるをえなかったのだ。食器、手拭やちり紙、暖房具の炭や湯たんぽの湯に至るまで娼妓もちであった。楼主が立替え払いをしたので、娼妓がモノを買えば買うだけ楼主が儲かるしくみであった。その結果、彼女たちはますます借金を背負うことになり、楼主に身を縛られることにもなったのである。

彼女たちが、そうした生活から解放されたのは、売春防止法の施行によってであった。たしかに、そのはずであった。

**遊廓を離れてのちの流転**

昭和三三年、三十有余年にわたって不夜城を誇り、また、日本で最大規模を誇った名古屋中村遊廓の火が消えた。

娼妓たちは、中村遊廓を離れたのちどのような生活を送ったのだろうか。

驚いたことに、お秀さんの話によれば、遊廓に類する風俗の世界に回帰する女性が少なくなかったのである。遊廓に長く身を置いた彼女たちには、その世界に慣れたところでの無気力な惰性化という問題もあったのだろうか。

はじめは、成駒屋に残されていた『娼妓名簿』をたよりに彼女たちを追跡しようと思ったが、それは決してたやすいことではなかった。なかばあきらめかけていたとき、お秀さんがふと思い出した話をきっかけに、私は、二人の女性のその後をたどることになった。

一人は、愛媛県出身の女性。彼女は、松山市の繁華街のはずれで小さな居酒屋をやっていた。

木製のカウンターにとまり木が数脚。お世辞にもきれいな店とはいえない。そのカウンターの中にいた初老の女性。やや小太りでまなじりの皮膚はたるみ、首筋には皺が深く刻まれている。娼妓名簿でみた色香のある姿には程遠かった。

私は、客として少しの肴で酒を飲み、結局は何も聞かずにそこを辞した。

遊廓廃絶後、この人は紆余曲折な人生を辿ったに相違あるまい。たぶん、過去はおくびにもださず、過去と絶縁することで今日まで生きてきたのではないか。そして、いま、小さいとはいえ居酒屋を営んでいる。それは、ある意味では、娼妓時代を過ごした女性のささやかに誇りうる幸福な姿なのかもしれない。あるいは、逆に、そこは彼女が世間からそむくかたちでつくりあげた閉ざされた世界なのかもしれない。私は、すでに別の世界で生きているその人をそっとしておきたい、と心からそう思った。

そんなとき、もう一人の女性、通称「岐阜のおばちゃん」に出会うことになった。もう還暦近くの年齢。その人は、名古屋駅裏で街娼をしていた。「話を聞きたい」という私の唐突な申し出に、はじめは警戒を強めたようだったが、それまでの経緯を話すと、彼女は豪快に笑ったものだ。

すでに、売買春は、法的にも人道的にも許可されざる行為となっている。売春婦そのものの存在が反社会的なだけでなく、それに関連する管理者もまた罪悪な存在とされる。それが売春防止法後の規範というものであった。

だが、他に生活の術《すべ》を知らずに街頭に立つ彼女たちの渡世を、誰がどのように批判できるだろうか。岐阜のおばちゃんは、場末を表徴するような喫茶店の片隅で、それほど隠し立てすることもなく自分の半生を語ってくれた。

彼女は、遊廓が廃絶される少し前に、三年越しのなじみ客だった下呂温泉（岐阜県）の材木商に身を引いてもらった、という。

当時、その家には、中学生から五歳の子まで、男ばかり四人の子どもがいた。旦那が、彼女を女としてではなく丈夫な働き手と見込んで後入りにしてくれたことはわかっていたし、朝から晩まで働くことは少しもいやでなかった。何より遊廓から足が洗えたことがうれしくて、旦那に感謝した、という。

店にこそ出してはもらえなかったが、あとは掃除・洗濯・食事の世話・育児と全部をまかせてもらった。最後まで籍には入れてもらえなかったが、遊廓の暮らしに比べれば、たいそう幸せであった、という。

それからの十数年間は、さほど波風たつことなく平穏に過ごした。ところが、旦那が死んでしまうと、家に居づらくなった。彼女の前歴に子どもたちが薄々気づいたようで、店を継いだ長男から家を出てくれといわれた。彼女は、わずかばかりの金をもらって、その家を出たのである。

その金で借家を借り、近所の子守をしながら何とか食いつないでいたが、そのころ、中村遊廓時代の友だちにばったり会った。彼女は、名古屋駅裏で立ちん棒（街娼）を仕切っていた。

岐阜のおばちゃんは、いう。「遊廓を出た女には、ひとつの決まった流れ方がある」と。まずキャバレーやサロンにつとめて、そこでときどきに男の相手をする。が、年齢《とし》をとるにつれ客がつかなくなる。商品価値のなくなった女は、次にダムの建設現場とか埋立地や炭鉱の飯場《はんば》に流れる。大きな飯場のあるところには、だいたい飲み屋が何軒もできて、そこには酌婦という夜の女が何人も抱えられていた。が、そういうところで働くことさえ無理になったときは、街角に立つようにもなる、というのである。

岐阜のおばちゃんは、旦那の家を出るときもらったわずかな金と子守の給金だけでは先々が不安で、いまのうちに稼ぎたい、と街娼になった。「けれど、私などはまだましなほうさね」と彼女はいった。

「立ちん棒をやってる連中は、上等な生まれの者はおらんし、頭がいい者もおらん。まともに世間から相手にされんような女たちが集まっている。類は類を呼ぶ、かね。そのなかで、まあ年かさで声の大きい私らのような者《もん》が姉さん格でまとめ役をするようになる。たしかに、私らのしてることは法に触れるが、弱い者が何人かずつかたまってそういうことをしてるのも、生きるために仕方のないことだと思うんだわ」

私は、もちろん、けっして売買春を是認するものではない。しかし、そこにも、ひたむきな人生があった。ヤクザさえその稼ぎを黙認するほどささやかな彼女たちの生活があった。四〇年以上経ったいまも、そのときのことがせつなく思い出されるのである。

## （六）家船での出稼ぎ

### 瀬戸内の家船

「漂泊」という言葉がほとんど死語と化している。

かつて、といっても、古くたどれるところの中世のころには、漂泊の人生は稀ではなかった。西行法師も一遍聖人も漂泊の人生であった。それを「遊行」ともいった。

そうした遊行僧の旅路が『西行物語絵巻』や『一遍聖絵』に描かれている。そして、そこには僧侶・祈禱者・行商人・芸人・狩人・乞食など多くの道往く人びとが登場する。

しかし、そこでの定住者と非定住者の暮らしむきには、さほどの差異がないことがうかがえる。したがって、両者の間にも、さほどの対抗意識や差別意識もなかったのではないか、と思える。そのことは、網野善彦（一九二八～二〇〇四年）の中世をとりあげた一連の著作（私が重用するのは、『無縁・公界・楽』）からも、ほぼ明らかなことである。

それが、近世の幕藩体制のもとで、身分制度や氏子制度・檀家制度が定まり、定住を強くうながすことになった。そこでは、農民（半農形態も含む）が主流化、糧《かて》を求めて道往く人びとが異端視されることになった。また、近世以降もさらにその存在が疎まれることになった。

職業上での貴賤云々もさることながら、定住か非定住かの優劣が人びとの評価を決めることにもなったのである。それは、あくまでも定住者側からの評価であった。だが、漂泊、あるいは流浪の民とて、皆が皆、本拠地となる家をもたなかったわけではない。

ただ、その職業柄、家はあっても長期間にわたってそこを離れて旅に出るところで、異端視されたり差別されることにもなった。その実は、行く先々での他処者《よそもの》にすぎなかった。漂泊民ではなかったのである。

漂泊漁民もそうである。漂泊、という言葉が最後までつきまとったのは、瀬戸内海で小漁業を営んだ「家船《えぶね》」の民である。

家船というのは、家族が船住いをして、魚群を追って海上と寄港地を転々と移動する出稼ぎ漁民のこと。それが漂泊漁民として民俗学の上でも概念化されている。おかしなこと、といわなくてはならない。

そこでは、家族が全員で船住いという事例はほとんどなく、船で出稼ぎをするのは夫婦が単位であった。ということは、年寄りや子どもは親村の家に残っているわけである。

盆と正月・旧正月、浜のまつりの年四回は、家船に乗っていた夫婦も帰村する。ただ、その他は出っぱなしとなるので、葬儀のときは人数が揃わない。そこで、本葬儀は、親族や近隣の全員が揃う盆・正月とまつりの前後にまとめることになるのだ。それが、一般的な農村や漁村との大きな違いであった。

瀬戸内では、かつて、こうした家船漁が盛んであった。

とくに、広島県の吉和《よしわ》（尾道市）、能地《のうじ》（三原市）、二窓《ふたまど》（竹原市）などの漁村は、家船漁民の拠点（親村）であった。が、船舶の機能化と大型化、漁業権や陸卸権などの厳格化によって、そのほとんどが家船漁業を廃業した。経済の高度成長期以降のことである。それっきり陸上りした人も多く、代替りもした現在では、そうしたかつての親村でも家船の実態を知る人が少なかろう。

私は、昭和四〇年代に、能地を四度訪ねている。

広島県の民俗緊急調査を師である宮本常一が請けていたことから、宮本先生の助手として連れていってもらったのだ。私にとっては、はじめての民俗調査でもあった。ただ、先生について行き、先生が聞きとり調査をする後ろで、それをノートに書くだけのこと。先生からは、途中で口をはさむことは許されなかった。

ただ、四度のうちの最後の一度は、自分ひとりで行って聞きたいだけの話を聞きとってきたらよい、と言ってくれた。

なつかしい思い出である。以下は、そこで聞き取った話の報告とする。

その当時は、すでに能地では、家船漁が廃れていた。が、吉和にはそれが数艘残っており、能地に寄港することがあった。そこで、私は、その船に同乗して写真を撮影することもできた。

船は、舳（前方）が家形造りで、そこで食事や寝泊りができる。艫《とも》（後方）には屋根がなく、そこで網を打って漁をする。床下には、生簀《いけす》があり、衣服や食料を保管する室《むろ》もある。

## 親村と出稼ぎ漁

能地は、三原市の南端に位置している。北側から山が海まで迫ったところにあり、わずかな入江に家並がある。平地はきわめて少なく、家は、約一四〇軒ばかり。そのなかでわずかでも耕地を所有しているのは、たった二一～二二軒しかないのである。

耕地どころか、浜には屋敷地さえも余裕がない。一軒の屋敷は、平均すると一五坪から二〇坪ぐらいのもので、それこそ庭らしい庭もない家が多い。もっとも、ここでは家よりも船が大事という気風が強く、必要以上に大きな家は誰も建てなかったのだ、ともいう。

「夫婦では、船の上の生活が毎日のように続く。プライバシーなんていうのは、それで十分。家に帰ったら雑魚《ざこ》寝《ね》でいいんだ」

ある老人が、大きな家は必要もない、といいきった。

能地では、小網《こあみ》漁を主として行なった。何艘かが組んで漁場に出たが、魚を獲るのは銘々の小網で、売る先も銘々であった。

二窓などでは、延縄《はえなわ》漁や打瀬《うたせ》縄では、タイやカレイ、アナゴなどもかかる。そうした値のはる魚がまとまると、市場での競売《せり》にもかけられる。したがって、二窓では、銘々に行商が売り歩くことがなくなった。しかし、能地では、小網漁に行商がつきものだった。

小網で獲れるのは、イワシやメバルや小エビなど。ある程度の漁獲量があがったところで、最寄の港に船を着ける。そして、妻がその港町の近隣の農村部に行商に行くのである。

「港には、その港にあがる魚があるし、それを売る人もいる。足を延ばして売りに行くしかない。昔は、ハンボウ（浅い木桶）をかべって運んだ（頭上運搬のこと）。ブリキ缶ができてからは、それを肩にかけても運んだ。背負うことはない。体温で魚が傷むでしょ」

「往く先々では、何よりもへりくだって、へりくだって。そりゃ、そうでしょう。その所々の魚市場や魚屋さんの縄張り内で商売をするんだし、農家の人にも頭を下げて買ってもらうんだもの。若い嫁《ひと》には、もうできんことですわいの」

そのとき、橋本トミさんから聞いたことである。

橋本さんは、生粋の能地の人。そのとき、すでに八〇歳を超えていた。生まれたのは家船の上で、佐柳《さなぎ》島（香川県）の近くだった。そして、結婚後は、すぐに夫婦で家船に乗っている。若いころは、おもに魚がよく獲れる讃岐《さぬき》方面に出た。

橋本さん夫婦は、休む間もなく働いた。雨の日は、たいていの人が漁を休むのに、橋本さんたちは、大雨でも沖へ出る。かえって雨の日の方が魚がよく獲れたからだが、そのかわり命がけだった、という。

三月二〇日ごろからは、綱引きに一八人もかかるような鯛網《たいあみ》に雇われて伯方島《はかたじま》方面にも出た。そこでも五月の節供まで、ぶっ通しで働いた。

それでも、子どもは六人も育てている。子どもが小さいころは、家船に乗せて出たが、学校へ行くようになると子どもだけを浜の家に住まわせ、ひとりひとりに高等教育を受けさせたのである。そして、子どもたちが成人したとき、家船を下りた。

橋本さんは、そうした話を何のてらいもなく、じつに整然としてくれたものだ。それによって、若輩で無知でもあった私は、他処者《よそもの》のへりくだりの「すべ」の必然も教わったのである。そして、それが世間から「家船漁」についての誤解を招くことにもなったことを知ったのである。

なお、能地の家船漁は、親村と海上にかぎったことではなかった。

能地から出た人たちが、瀬戸内海沿岸のいたるところに枝村《えだむら》（分村）をつくっているのである。商売で津々浦々を廻っただけでなく、九州にも四国にも、そして内海の島々にも枝村を発達させているのである。

そのことについては、広島県の民俗緊急調査に参加していた河岡班が丹念な調査をしている。そこでは、能地の善行寺に保管されていた江戸時代後期以降の過去帳から、他の地へ出ていった人たちを明らかにしたのである（それは『広島県史　民俗編』にも収録されている）。

その報告によると、移住村が八十余、寄留村が五十余になっている。能地ひとつの親村から一〇〇ヵ所以上もの枝村ができているのだ。そして、そのなかには農地を得て漁業から離れた事例も少なくなかったのである。

これを、どうみるか。かつて、心無い世間からは漂泊漁民とみられもした家船漁が、かくも大きな活力を生んだ。愉快な史実である、と私は思う。

## (七) 里山伏

### カスミを巡っての御札配り

ここに一冊の本がある。藤沢周平著『春秋山伏記』(昭和五三〔一九七八〕年)。

もちろん、フィクション仕立てであるが、出羽(羽黒山)の里山伏(里修験)の「世すぎ」を江戸後期のころにさかのぼって描いている。そのところではノンフィクションに相当する。と、私は評価しているのだ。

「荘内《しょうない》平野に霰《あられ》が降りしきるころ、山伏装束《しょうぞく》をつけ、高足駄を履いた山伏が、村の家々を一軒ずつ回ってきたことをおぼえている。」

藤沢氏は、子供のころに見たカスミ場(霞=檀家に相当)を廻り御札《おふだ》を配って世すぎをする山伏に畏怖と興味をもった。その体験がこの作品を生むことになった、という(あとがき)。とくに、会話は、方言(荘内弁)にこだわっている。それは、「急速に衰退にむかっている」地方文化を意識してのことであった。「あまりいい加減な言葉も書きたくなかった」ということは、山伏の世すぎの描写についても同様の姿勢であっただろう。

何よりも、「戸川安章氏のご指導がなければ、書けなかった小説」という〈あとがき〉の言葉が、その信憑性を裏づけている。戸川安章氏は、ただ藤沢氏の恩師というだけでなく、多くの人が認める郷土史家であり民俗学者。羽黒山の修験道についての著作もある。その学問としては触れられなかったところを、藤沢氏は、フィクション仕立てで補った、といってもよかろうか。

その世すぎの一は、御札《おふだ》配りである。

羽黒山の山伏の場合は、雪どけと同時に山を下り、カスミ場の家々を廻る。そして、門口で「羽黒松の勧進」というところの祭文を唱え、羽黒大権現の御札を渡す。それに対して、家々では、米や金銭を喜捨するのである。

それが、山伏の収入源となるのは、いうまでもないことである。しかし、それは、羽黒山の本山（本庁）から補任状を得た山伏にかぎってのこと。いうなれば、正統な山伏の世すぎ、ということになる。

**講の行事と登拝の先導**

山伏は、一方の俗称であり、一方では修験という。そして、彼らの信仰を修験道という。

日本で固有の民族信仰である。

その起こりを役小角《えんのおづぬ》に求めるのが一般化している。それはともかくとしても、古くから仏教と結合、あるいは習合しての山岳信仰である。それが、天台宗と結んで組織化されたのが本山派修験、真言宗と結んで組織化されたのが当山派修験となる。そして、共通の根本霊場が大峯山系となった。大ざっぱには、中世はじめのころである。

近世になると、各地にそれぞれの流派を名のる修験が成立した。出羽三山を行場とする羽黒修験のほか、鳥海修験・白山修験・御嶽《おんたけ》修験・熊野修験・石鎚修験・英彦山《ひこさん》修験など。それが、明治五（一八七二）年の太政官布達（第二七三号）「修験宗廃止令」により各山頂の行場（神仏習合）は神社神道の霊場になり、そこでの神官に転じる者以外の活動は払拭された。それでも修験が今日に伝わるのは、第二次大戦後、「信教の自由」の世情にのっとってのこと。新たにさまざまな流派が生まれてのことである。

江戸時代にも、さまざまな流派があった。そして、第二次大戦後もさまざまな流派が生じた。そこでは、流派に属さない山伏もまた派生したのである。また、流派を名のるものの本山の補任状をもたないままの山伏も各地にいたのである。

いずれにしても、一般的な山伏は山籠っての修行三昧では、生活がたてにくい。そこで、定期的に里に下りて、あるいは里に住んでの世すぎが必要となるのである。

そのひとつが、「講」の世話である。

各地に山岳の神仏を崇めてのさまざまな講がある。

出羽三山講・御嶽講・白山講など。ということは、その多くが修験の霊山に関係するのだ。開祖が誰かは別としても、その年中行事や登拝行を支えてきたのは里山伏たちである。たとえば、木曾山伏といわれる人たち。御嶽山伏とは違うともいわれるが、その多くが里山伏であったからだろう。平常は農業や林業にたずさわる人も多かった。

私は、昭和六二（一九八七）年初夏に、宮田登氏（民俗学者、一九三六〜二〇〇〇年）に誘われて木曾谷の福島や上松《あげまつ》を歩いたことがある。宮田氏は、卒論で御嶽講と御嶽行者をテーマにまとめており、そのとき以来の二七年ぶりの再訪であった。私は、その道中で宮田氏からさまざまなことを教わった。

木曾谷の村里における御嶽講での年中行事は三度。その一は、旧正月一日の早朝に行なう御日待《おひまち》である。その二は、旧正月二三日の月の出を待つ講。御月待のことだが、その呼称は、木曾では一般的でない。月の化身の日、などという。宿に講員が集まり、供物棚を設け、そこで祝詞《のりと》や経文《きょうもん》を唱和する。その先導役がその里に住む山伏なのである。

その三は、御嶽山の縁日。八十八夜のころ、各ムラごとに小高い丘に祀る「御嶽さん」に講員が揃って参る行事である。講によっては、本山の御嶽山に登拝する例もある。もちろん、山伏がその先達となる。

御嶽山へは、木曾福島からの登拝と王滝からの登拝が一般的であるが、木曾谷の村里だけでなく他地方からの講中の登拝もある。そのときの先達も里山伏がつとめる例が少なくなかった。つまり、木曾谷に住む山伏たちは、地元のみならず各地の御嶽講の世話をすることが主要な世すぎのひとつとなっていたのである。

## 祈禱や口寄せも世すぎの術

とくに、木曾谷の里山伏たちは、その住居に祈禱所を設けている者が少なくなかった。

宮田登氏に同行して、木曾上松《あげまつ》の持福院（栗原家）に行った。すでに代替わりしていたが、祈禱所は、宮田氏が懐かしんだごとく、以前そのままに残っていた。

正面に御嶽大権現が祀ってある。木像と木札に御幣《ごへい》。祈禱座の前に祝詞や経文を置いた机台があり、平台に切り下げ幣が数本立つ。さらに香炉や灯明台、太鼓や鉦が並ぶ。そこで、依頼のあった祈禱を行なうのである。

かつての祈禱は、現代一般的な祈願目といささか異なるものがさまざまあった。死霊冥福に怨霊安鎮、小児健常に牛馬安全、それに憑依《ひょうい》解除など。その祈禱法もさまざまで、護摩を焚く者もいれば神がかりする者もいる。

現在は、恐山（青森県）でのイタコの口寄せが知られるが、山伏たちも依頼があれば、死者を呼び戻しての口寄せも行なっていた。

そのなかで、とくに憑依解除に注目しておきたい。俗にいうところの憑《つ》きもの落しである。

ひとり木曾谷とか山伏にかぎらず、かつては日本各地で誰や彼《か》がそれに悩まされ、誰や彼がその憑きもの落しを行なっていたのである。とくに情緒が不安定な少女たちが正常ならざる言動に陥《おちい》ることがある。これを、狐憑きといった。男子にも憑くのが犬神で、犬神憑きは四国を中心に西日本・南日本に多く、広島県などではゲドウ憑きともいった。トウビョウというのは、山陰や中国山地での憑きものだが、イタチが連想されることが多い。稀少例としては、蛙憑きや蛇憑きもあった、という。

じつは、わが家系にも憑きもの落しの呪文が伝わる。明治の神社神道の公事化（先の「修験宗廃止令」もその一環）により、神官の呪術や芸能は禁止されて以来、長く忘れられていた。が、祖父が晩年、神社神道の祓《はら》い詞《ことば》とは別な言葉があった、と私に教えてくれたのだ。それは、「三元表白」（三座の禊祓《みそぎはらえ》）で、中世末の吉田兼倶《かねとも》による元本宗源《げんぽんそうげん》神道（唯一神道）の呪文、と伝わる。が、表白というからには、真言密教との習合がみられる。したがって、山伏のそれにも共通するのではないか、と思っているが、まだ確かめきれていない。

そのほかにもさまざまな憑きものがあった。科学的な療法が未発達な時代には、平気平穏や憑依解除についてのさまざまな呪術・呪法が各地に伝わっていたことは史実なのである。

そこに、いかがわしさもある。

さすがに柳田國男は、そのなかにいかがわしき者がいたことを注記している。

「実際一部の俗山伏には一転して破落戸《ごろつき》となり得る素質があつたことは、祭文語りの伝法肌を見ても想像することが出来る。」（『定本柳田國男集　第九巻』に所収の「俗山伏」より）

短い文章のなかではあるが、虚実まぎれあう山伏の伝承をそう看破しているのである。しかし、以後の修験・修験道の研究では、ほとんどそれに触れることがない。もちろん、その取材や調査はむつかしいだろう。また、あえて暴くことではないかもしれない。が、私には、なお釈然としないところがあるのだ。

それだけに、藤沢周平著『春秋山伏記』に目を奪われたのである。

ついでながら付記しておく。そこでは、最終段で、里から子どもをさらって山奥に帰る箕《み》作りの夫婦に触れる。人さらい事件は、フィクションだろうが、その箕作りの一団がサンカ（山窩《さんか》）であろうことは疑いようもないノンフィクションというもの。「村里に定住せずに山中や河原などで家族単位で野営しながら漂泊の生活をおくっていたとされる人々」（『広辞苑』第六版）である。

その北限が出羽三山一帯であったことから、藤沢氏は、山伏の世すぎ場よりもさらに奥地を世すぎ場とする、里人からは蔑まれもした人たちがいた、ということを記憶にとどめておきたかったのではあるまいか。

## （八）消えていった漂泊民「サンカ」

### サンカの起源と語源はひととおりではない

昭和四八（一九七三）年から五〇年にかけてといえば、いまから四〇年以上も前のことになる。

そのころ、私は、山口県下を巡り歩いていた。萩焼・堀越焼・須佐焼などの窯場《かまば》の民俗調査を師宮本常一から指示されてのことであった（その成果は、『やきもの風土記』〔一九七六年、マツノ書店〕で報告した）。

バスや知人の自動車を使っての移動が多かった。窯場はなくても、その途中のところどころで道草をくうことにもなった。

萩から日本海に流れこむのが橋本川、その上流が阿武川である。

その阿武川にダムが建設され、湖畔に資料館（阿武川歴史民俗資料館）がつくられた。その資料館を見たあと、ダムの上流域の集落を見ていかないか、と波多《はた》放彩《ほうさい》氏（資料館設立に尽力した郷土史家）に誘われた。自転車をこいだり押したりして上流にむかった。

ダムに川が流れこむあたりに人影が見えた。といっても、道路からはかなり遠い下方である。鉢巻姿の男が半身を水に浸して投網《とあみ》を打っていた。

河原には、男が一人に女三人がうつむいて座りこんでいる。よく見ると、それぞれが竹細工をしているではないか。その脇には、作ったばかりの籠類が二つ三つと積みあげられてもいた。

波多さんが、「サンカですよ」といった。私にとって、はじめて耳にする言葉であった。そして、波多さんは、「近づかないでいいでしょう。先に行きましょう」といった。

はじめて「サンカ」という言葉に接して少なからず衝撃を受けたものの、私は、その後、さほどの関心を寄せなかった。その追跡を封じていた、といってもよい。時どきに、波多放彩氏の「近づかないでいいでしょう」という言葉がよみがえってきたりもした。

あるとき、『民俗学辞典』（柳田國男監修）で何気なく「さんか」の項を開いた。

「現代まで定住することなく、山間水辺を漂泊する特殊民群の代表的なもの。ミツクリ・ミナホシ・オゲ・ポンなどとも言う」とある。さらに、「西は九州から中国山脈、近畿中部から東は関東地方にも分布している。単純な生活様式で、セブリと称する仮小屋または天幕によって転転と移動し、男は泥亀・鰻などの川魚を捕えて売り、女は箕・籠・筬・箕などの竹細工をする」（旧漢字は新字に改めた）と続く。

そして、その語源については、「サンカはソウカ即ち箕の方言から出たという説と、『坂の者』『山家乞食』から出たとする説とがあるが、未だ明らかでない」とある。

私は、民俗学についての辞典（事典）類では、これをいちばん重用している。何よりも、戦前からの日本を体験や実践を通して知る民俗学者や郷土史家の執筆と柳田國男の監修だからである。もちろん、「さんか」の項を誰が執筆したかはわからない。が、柳田國男にとっては重要な項目のひとつであっただろうし、少なくともこれに目を通しただろうことは、明らかに推測できるのである。

というのは、柳田國男自身が、ほとんど誰もが注目していなかったサンカについて述べているからである（『人類学雑誌』に所収の「〈イタカ〉及び〈サンカ〉」）。

「一家族を挙げて終始漂泊的生活を為すものは今日別に一種族あり。多くの地方にては之をサンカと称す」

つまり、この時点で、一つの漂泊民にかぎることができなくなっていたのだ。以来、それについては混乱をきわめることにもなった。

それを、現代の研究者のなかではもっとも実績をあげている筒井功氏（自著では、民俗研究者）は、『サンカの起源――クグツの発生から朝鮮半島へ』（二〇一二年、河出書房新社）のなかで以下のように整理をしている。

「箕《み》、筬《おさ》、川漁などにかかわる無籍・非定住の職能民」

サンカは、最後の漂泊民である、といってよい。経済の高度成長とともに行政や教育の制度化も細々と整備されたところで、サンカ集団もおもに都市部に分散をすすめていった。

筒井功氏も、最後のサンカ研究者である、としてよい。埼玉県比企郡嵐山町から大分県竹田市飛田川までの各地で、その最後のサンカ衆たちを訪ねての調査を行ない、一連の著作物で報告している。そして、サンカの起源を「クグツ」に求め、上記『サンカの起源』でそれが朝鮮半島の「白丁《ペクチョン》」に淵源する、と論考した。それは、十分に刺激的な論考であるが、ここでの詳しい紹介は割愛する。

### 三角寛の実録から読みとくサンカ社会

現在《いま》では、もう見聞することができないサンカ社会である。

それを具象的にのぞき見するには、三角寛《みすみかん》（一九〇三〜七一年）の著作にあたるのがよかろう。『三角寛サンカ選集』（全一五巻）に代表される膨大な量の著作がある。

三角寛は、大正一五（一九二六）年に朝日新聞社に入社、事件記者として活躍した。とくに、東京での説教強盗の追跡と報道で名をあげた。そのとき、警視庁の老刑事と親しくなり、サンカ社会も知ることになった。当時は、警察の捜査がサンカ社会に及ぶことがしばしばあって、その老刑事はサンカ社会に何人もの協力者をもっていたのである。ということは、サンカ社会が犯罪人を生むのでなく、凶悪犯がサンカを装ってそこに潜むことがしばしばあったのである。

以来、三角寛は、暇を見てはサンカを訪ね歩くことになる。そして、親しくなったところで内輪話を聞きだし、雑誌に寄稿したり著作を起すことにもなるのである。

この三角寛の一連の山窩シリーズ（三角は、山窩という表記を多用）については、批判もある。それは、サンカ小説であって信憑性に問題がある、とみるむきもある。実際にあったかもしれない題材を想像力によって脚色した読みもの、とみるむきもある。

しかし、私は、これを貴重な資料とみる。何よりも、写真資料が豊富だからである（ただし、撮影者は不明）。その事実は、正当に評価しなくてはならない。

三角寛は、おもに関東の各地に分布するサンカを追っている。その当初（昭和のはじめごろ）は、東京市内や郊外にもサンカがいた、という。写真は、昭和一〇年前後の撮影と思えるものが多い。

「サンカ一族の明るい場越し」、というキャプションがついた写真がある。男は、股引《ももひき》に半天型の着物で、腰まわりを帯で締めている。それに、鉢巻に地下足袋《じかたび》。肩にかついでいるのは、巻いた簾《すだれ》か。女たちは、絣地の着物、その裾《すそ》をはしょって帯に止めている。襷《たすき》がけで両手に荷物をさげた者もいる。子どもたちは、粗末ながらも洋服にズボン。靴をはいて、荷物を背負っている。全体的にみると、少なくとも服装については、当時の庶民の普段着の標準、とみてよかろう。

ただ、一族がそうして群れで移動しているのは、他ではみられない光景であろう。そして、河原にセブリ（野営＝三角寛は「瀬降」と記す）をして、仮屋根や天幕を張る。その前で、箕作りをしている写真には目をうばわれ、視線が釘づけとなる。

天幕の前には、炉が設けられ、テンジン（自在鉤《じざいかぎ》）が下げられる。三角寛は、これを「天人」と記し、由緒あるテンジンを代々伝えるのが正統なサンカ、とする。なるほど、年代物の自在鉤である。

その天幕の屋根裏には、ウメガイ（山刃）が差しこんである。そのウメガイも、他ではみられない双刃の精巧なもので、細工には不可欠である。これも、サンカの象徴である。

そうしたサンカ衆の暮らしぶりの一端をみるだけでも、その生活律や禁忌則などに定住社会のそれとは違う基準があるだろうことは、容易に想像ができる。

そこには、そこで暮らすことの正当な合理もある。

たとえば、集団内での結婚についてである。そのところで、同系の仲間内にかぎった狭い通婚圏にかぎってのこと。まだ一五〜一六歳で、周囲の大人のはからいで相手を決めて結婚する。ということは、ひとつには年ごろの娘になると青年たちが競うことにもなり、またそこで取り残される娘もでるので、その不公平をなくするためだ、という（三角寛『山窩物語』）。また、衛生状態が十分でないところでは、若年出産の方が安全でもあるから、という理由もあろう。それは、世界の未開民族の社会にも共通することである。

そうしたサンカ社会でのならわしは、定住社会からは異端視もされたのである。しかし、排除されたのではない。サンカは、非定住であり長く無籍でもあったが、無職渡世とはみられなかったのである。

たとえば、彼らが作る箕は、かつては、農業では不可欠な民具であった。稲や豆など穀物を脱穀した後で、箕をはたいて風選《ふうせん》をしなくてはならなかったからだ。軽い皮片やごみが飛び、穀粒が残る。その場合の箕《み》は、何よりもしなやかでなくてはならなかったのである。サンカ社会は、その細工技術を伝え、その販売組織ももっていたのである。

それが、昭和三〇年代末からの経済の高度成長期になると、動力脱穀機や精米機が出まわり、普及する。すると、箕の需要が急激に後退。それにつれて、サンカの生業も成りたたなくなったのだ。他の細工物や川魚漁での収入も大事であったが、サンカとは、箕作りで他の追従を許さない地位が認知されていたのである。

存続するには、それなりの理由がある。滅亡するには、それなりの理由がある。最後の漂泊民サンカは、その歴史のならいにしたがって姿を消した、といえよう。

これも、今は昔の「ものがたり」となった。しかし、忘れえぬ、その時代を象徴する「実際」なのである。

# 学術文庫版あとがき

おこがましいことではあるが、私たち日本人が共有していた暮らしの「原風景」を探ってみよう、と思った。

その時代や地域が伝えている有形・無形のクセのようなもの、それが「文化」だろう。と、私は、思ってきた。そのクセにもＤＮＡがあるとすれば、そう簡単に消えるものでもなかろう、とも思ってきた。

しかし、それは、時代とともに変わったり消えたりもするのだ。とくに、先の東京オリンピック（昭和三九〔一九六四〕年）あたりからの経済の高度成長期に大きな変化・変遷があった。

三種の神器といわれたものには諸説あるが、洗濯機・掃除機、ここではそれに炊飯器を加える。家庭の日常機能が機械化されたのだ。それに、カラーテレビが普及、電話も各家庭に設置、ハイテク化が一気に進んだ。さらに、自家用車が普及、やがて銘々所有にも。これが、一〇年、二〇年の間に、ほとんど全国一律に及んだのである。

経済の高度成長期は、歴史上もっとも大きな生活革命期であった、といっても過言ではあるまい。地方ごとに、ムラごとにも多様な様相を呈していた暮らしむきが、都会に準じるかたちに一元化もしていった。

変わることは、しかたない。問題は、何を変えて何を伝えるかだ。それを論じる間《ま》もないまま月日が過ぎた。

もっとも懸念するのは、部分的な事象が伝わり、それに後付けの解釈がつけられることである。また、年中行事や通過儀礼は、それが単独であるのではなく、前後に重なる意味や内容があり、それをつないでみないことには「原風景」がみえないことが多い。とくに、民間での文化伝承は、祖父母世代から孫世代に、あるいは先輩層から後輩層にと体験を基準になされるものであった。食するがごとく、「あたりまえ」に伝えられるものであった。そこには、理屈もなく偏見もなかった。

その「あたりまえ」の伝承が崩れてきたのだ。

民俗学の師、宮本常一（故人）は、それまでに書いた短文をまとめて、新たに「村の崩壊」と題して昭和四七（一九七二）年に出版（『宮本常一著作集　12』）をしている。先見の明があった、といわなくてはならない。

宮本常一世代には及ばないものの、私たち世代が、経済の高度成長期以前を知る最後の世代になるのだ。そうした馬齢を実感するところで、あらためて民俗の「原風景」を探る義務もあろうか、と思いだしたのである。まだ、検証が不十分なところがある。フィールドでの参与観察も足りないところがある。多くの方にご高評をいただきたい。

本書の出版については、講談社学芸クリエイトの林辺光慶さんに改稿と編集のお手を煩わせた。記して謝意を表したい。

令和二年一一月吉日

神崎　宣武

# 参考文献

〈引用文については、文中で出典（著者と著作）を明記しているので、ここにはあげていない。以下、参考文献を出版年代順にあげておく〉

『風俗画報』（全五一八冊）東陽堂　一八八九～一九一六年
柳田國男監修　民俗学研究所編『民俗学辞典』東京堂出版　一九五一年
堀田吉雄『山の神信仰の研究』伊勢民俗学会　一九六六年
大島建彦・大森志郎・吉田光邦他編『日本を知る事典』社会思想社　一九七一年
『日本の民俗』（全四七巻）第一法規出版　一九七一～七五年
北野博美『年中行事』臨川書店　一九七三年
柳田國男『年中行事覚書』（講談社学術文庫）講談社　一九七七年
鈴木棠三『日本年中行事辞典』（角川小辞典）角川書店　一九七七年
宮田登『神の民俗誌』（岩波新書）岩波書店　一九七九年
桜井徳太郎編『民間信仰辞典』東京堂出版　一九八〇年
宮田登・萩原秀三郎『催事百話―ムラとイエの年中行事』ぎょうせい　一九八〇年
星野英紀『巡礼―聖と俗の現象学』（講談社現代新書）講談社　一九八一年
宮本常一『民間暦』（講談社学術文庫）講談社　一九八五年
網野善彦・大林太良・宮田登他編『日本民俗文化大系　第一巻　風土と文化―日本列島の位相』小学館　一九八四年
網野善彦・大林太良・宮田登他編『日本民俗文化大系　第六巻　漂泊と定着―定住社会への道』

小学館　一九八四年
網野善彦・大林太良・宮田登他編『日本民俗文化大系　第九巻　暦と祭事―日本人の季節感覚』小学館　一九八四年
井上光貞・上山春平監修　山折哲雄編『大系　仏教と日本人6　遊行と漂泊―定住民とマレビトの出合い』春秋社　一九八六年
大林太良『東と西　海と山―日本の文化領域』小学館　一九九〇年
山村民俗の会編『山の歳事暦―山村の暮らしと祭り・行事』（山と民俗9）エンタプライズ　一九九一年
宮田登『山と里の信仰史』（日本歴史民俗叢書）吉川弘文館　一九九三年
宮田登『江戸のはやり神』（ちくま学芸文庫）筑摩書房　一九九三年
網野善彦・大林太良・谷川健一・宮田登・森浩一『日本像を問い直す―「海と列島文化」完結記念シンポジウム』小学館　一九九三年
ネリー・ナウマン（野村伸一・檜枝陽一郎訳）『山の神』言叢社　一九九四年
奥野義雄『まじない習俗の文化史』岩田書院　一九九七年
倉石あつ子・小松和彦・宮田登編『人生儀礼事典』小学館　二〇〇〇年
佐々木高明『山の神と日本人―山の神信仰から探る日本の基層文化』洋泉社　二〇〇六年
野本寛一『神と自然の景観論―信仰環境を読む』（講談社学術文庫）講談社　二〇〇六年
神崎宣武『しきたりの日本文化』（角川ソフィア文庫）角川学芸出版　二〇〇八年
野本寛一『野本寛一著作集V　民俗誌・海山の間』岩田書院　二〇一七年
旅の文化研究所編『旅の民俗シリーズ　第二巻　寿《ことほ》ぐ』現代書館　二〇一七年

KODANSHA

本書は『學鐙』（丸善出版株式会社発行）の以下の号に掲載された文章を元として、改稿・加筆したものです。
二〇〇九年第一〇六巻No.１・２～二〇一〇年第一〇七巻No.１・２、
二〇一一年第一〇八巻No.１～二〇一九年第一一六巻No.２に掲載

神崎宣武（かんざき　のりたけ）

1944年岡山県生まれ。民俗学者。現在，旅の文化研究所所長。東京農業大学客員教授。公益財団法人伊勢文化会議所五十鈴塾塾長など。郷里（岡山県井原市美星町）では宇佐八幡神社ほか二社の宮司。

著書に『江戸の旅文化』『聞書き　遊廓成駒屋』『酒の日本文化』『しきたりの日本文化』『社をもたない神々』『神主と村の民俗誌』など多数。

---

講談社学術文庫

定価はカバーに表示してあります。

# 日本人《にほんじん》の原風景《げんふうけい》

## 風土《ふうど》と信心《しんじん》とたつきの道《みち》

神崎宣武《かんざきのりたけ》

2021年1月8日　第1刷発行
2023年5月8日　第3刷発行

発行者　鈴木章一
発行所　株式会社講談社
東京都文京区音羽 2-12-21 〒112-8001
電話　編集（03）5395-3512
販売（03）5395-4415
業務（03）5395-3615
装　幀　蟹江征治
印　刷　株式会社広済堂ネクスト
製　本　株式会社国宝社
本文データ制作　講談社デジタル製作



---

ISBN978-4-06-522383-3

# 「講談社学術文庫」の刊行に当たって

これは、学術をポケットに入れることをモットーとして生まれた文庫である。学術は少年の心を養い、成年の心を満たす。その学術がポケットにはいる形で、万人のものになることは、生涯教育をうたう現代の理想である。

こうした考え方は、学術を巨大な城のように見る世間の常識に反するかもしれない。また、一部の人たちからは、学術の権威をおとすものと非難されるかもしれない。しかし、それはいずれも学術の新しい在り方を解しないものといわざるをえない。

学術は、まず魔術への挑戦から始まった。やがて、いわゆる常識をつぎつぎに改めていった。学術の権威は、幾百年、幾千年にわたる、苦しい戦いの成果である。こうしてきずきあげられた城が、一見して近づきがたいものにうつるのは、そのためである。しかし、学術の権威を、その形の上だけで判断してはならない。その生成のあとをかえりみれば、その根は常に人々の生活の中にあった。学術が大きな力たりうるのはそのためであって、生活をはなれた学術は、どこにもない。

開かれた社会といわれる現代にとって、これはまったく自明である。生活と学術との間に、もし距離があるとすれば、何をおいてもこれを埋めねばならない。もしこの距離が形の上の迷信からきているとすれば、その迷信をうち破らねばならぬ。

学術文庫は、内外の迷信を打破し、学術のために新しい天地をひらく意図をもって生まれた。文庫という小さい形と、学術という壮大な城とが、完全に両立するためには、なおいくらかの時を必要とするであろう。しかし、学術をポケットにした社会が、人間の生活にとってより豊かな社会であることは、たしかである。そうした社会の実現のために、文庫の世界に新しいジャンルを加えることができれば幸いである。

一九七六年六月　　　　野間省一